高等职业教育改革创新系列教材

职业教育"立交桥"建设系列教材

汽车保险理赔实务

主　编　廖金红
参　编　曾霭林　陈立定

机械工业出版社

本书是编者结合多年的一线教学经验，遵循"校企合作、工学结合、适应行业需要、紧跟行业步伐"的原则，采用项目教学法的编写思路编写而成。

本书由两个综合任务组成，综合任务一为汽车保险基础理论，采用传统的教材编写体例，涵盖风险与汽车保险险种、汽车保险合同和汽车保险理赔基础知识三个单元。综合任务二为汽车保险理赔实务，采用项目教学法的编写体例，涵盖五个子项目，主要讲述车险理赔流程中各环节的主要内容、操作流程以及完成各流程所需要具备的知识和技能。另外，每个单元和项目结束后都配有检验学生学习效果的习题，符合高职教学的实际需要和专业人才培养的需求。

本书可作为高职院校汽车类专业教材，也可供汽车保险行业专业人员参考。

为方便教学，本书配有电子课件，凡选用本书作为授课教材的教师均可登录 www.cmpedu.com 以教师身份注册下载。编辑咨询电话：010-88379865

图书在版编目（CIP）数据

汽车保险理赔实务/廖金红主编. —北京：机械工业出版社，2013.8
（2021.1 重印）
高等职业教育改革创新系列教材　职业教育"立交桥"建设系列教材
ISBN 978-7-111-42770-4

Ⅰ.①汽…　Ⅱ.①廖…　Ⅲ.①汽车保险-理赔-中国-高等职业教育-教材　Ⅳ.①F842.63

中国版本图书馆 CIP 数据核字（2013）第 196423 号

机械工业出版社（北京市百万庄大街22号　邮政编码100037）
策划编辑：曹新宇　责任编辑：曹新宇
责任校对：赵　蕊　封面设计：马精明
责任印制：李　昂
北京机工印刷厂印刷
2021年1月第1版第6次印刷
184mm×260mm·10.75 印张·261 千字
12 701—14 600 册
标准书号：ISBN 978-7-111-42770-4
定价：35.00 元

电话服务　　　　　　　　网络服务
客服电话：010-88361066　　机 工 官 网：www.cmpbook.com
　　　　　010-88379833　　机 工 官 博：weibo.com/cmp1952
　　　　　010-68326294　　金　书　网：www.golden-book.com
封底无防伪标均为盗版　　　机工教育服务网：www.cmpedu.com

前　言

　　我国汽车的销售量和保有量逐年增加，带动了汽车后市场的发展。我国的汽车保险业务从恢复发展到现在已经有 30 多年的时间，汽车保险由原来的混乱无序发展到现在的具有相关法律、法规规范的局面，而且随着交通法律和交通法规等的修改，《保险法》和汽车保险条款也做出了相应的调整。另外，随着汽车保险行业竞争的加剧，各家保险公司在汽车保险业务上推出了一些增加竞争力的做法，从而对汽车保险的从业人员也提出了不同的要求。为了适应保险法律法规的变化及行业内的新做法，我们编写了这本适合高职汽车类学生和汽车保险从业人员的教材。

　　本书主要采用了项目教学法的编写思路，遵循"校企合作、工学结合、适应行业需要、紧跟行业步伐"的原则，结合了汽车保险职业岗位的客观需求，吸收了发达国家先进的职业教育理念，具有以下特色：

　　（1）传统编写体例和创新编写体例相结合。基础理论知识部分采用的是传统的编写体例，实务部分采用的是项目教学法的编写体例。以汽车保险理赔的各个流程为一个相对完整的过程，围绕学习任务聚焦知识和技能，提高学生的动手、动脑能力。

　　（2）采用汽车保险行业最新条款、最新做法、最具有代表性的案例，重点培养学生的汽车保险职业能力。

　　（3）以完成一个项目作为教学任务，理论知识的教学围绕完成项目为主要目标，注重提高学生的学习兴趣。

　　（4）每个项目通过真实的案例教学，教会学生解决实际问题的方法和提高学生解决实际问题的能力，体现能力本位的教学思想。

　　（5）本书中的理论和实务部分的单证和案例均来自汽车保险从业人员提供的一手资料，具有一定的权威性和可操作性，与企业岗位紧密结合。

　　（6）教材的实际操作部分选取汽车保险企业的岗位截图，增强直观性和实践性。

　　（7）复习思考题注重考查学生对基础理论知识的掌握情况和解决实际问题的能力。

　　本书由上海交通职业技术学院廖金红老师担任主编。中国大地财产保险公司的曾霭林和浙江省余姚市职成教中心学校的陈立定老师参与了本书的编写工作。

　　由于编者的经历和水平有限，本书的内容难以覆盖全国各地汽车保险的实际情况，希望教学单位和读者及时提出意见和建议，以便再版修订时补充完善。

编　者

目　录

前言

综合任务一　汽车保险基础理论

单元一　风险与汽车保险险种 ··· 2
　课题一　风险与保险 ··· 2
　课题二　汽车风险分析 ··· 10
　课题三　汽车保险险种 ··· 12
　课题四　汽车保险的投保 ··· 36

单元二　汽车保险合同 ··· 45
　课题一　汽车保险合同概述 ····································· 45
　课题二　保险中介 ··· 48
　课题三　汽车保险合同的订立 ································· 54
　课题四　汽车保险合同的生效、变更与解除 ········· 63
　课题五　汽车消费贷款 ··· 67
　课题六　汽车消费贷款保证保险 ····························· 71

单元三　汽车保险理赔基础知识 ··· 77
　课题一　汽车保险理赔概述 ····································· 77
　课题二　汽车保险理赔流程 ····································· 79

综合任务二　汽车保险理赔实务

项目一　接报案和调度 ··· 86
　活动一　接报案 ··· 86
　活动二　调度 ··· 94

项目二　事故汽车的查勘定损 ·· 101
项目三　事故汽车的核损 ·· 118
项目四　汽车保险理算 ·· 131
项目五　事故汽车的核赔 ·· 151
参考文献 ·· 164

综合任务 一

汽车保险基础理论

单元一　风险与汽车保险险种

【学习目标】

1. 掌握风险的特点及分类。
2. 掌握商业保险的主要特征及常见的保险专业术语。
3. 能分析由汽车产生的风险有哪些。
4. 掌握汽车保险几种常见险种的赔偿条件、赔偿对象等知识。
5. 掌握车险投保流程及各流程的主要内容。

 风险与保险

一、风险与保险概述

（一）风险概述

1. 风险的概念

"风险"一词的由来，最为普遍的一种说法是，在远古时期，以打鱼捕捞为生的渔民们，每次出海前都要祈祷，祈求神灵保佑自己能够平安归来，其中主要的祈祷内容就是让神灵保佑自己在出海时能够风平浪静、满载而归，他们在长期的捕捞实践中，深深地体会到"风"给他们带来的无法预测、无法确定的危险，他们认识到，在出海捕捞打鱼的生活中，"风"即意味着"险"，因此有了"风险"一词。通俗地讲，风险就是发生不幸事件的可能性。

2. 风险的构成要素

（1）风险因素　风险因素是指造成损失的间接、潜在的原因。根据风险性质的不同，风险因素可分为实质风险因素（物资风险因素）、道德风险因素和心理风险因素。物资风险因素指有形的，并能直接影响事物物理功能的因素，如地震、恶劣的气候造成房屋的倒塌，因疾病传染导致人群的成批死亡等引起或增加人身或财产损失的机会和损失的幅度；道德风

险因素一般与人的故意行为有关；心理风险因素一般与人的过失、疏忽等心理因素有关。

（2）风险事故　风险事故是指造成损失的直接的或外在的原因，是损失的媒介物。风险事故将风险的可能性转变成现实性。

就某一事件来说，如果这一事件是造成损失的直接原因，那么它就是风险事故，而在其他条件下，如果它是造成损失的间接原因，它便成为风险因素。

（3）损失　在风险管理领域，损失是指非故意的、非预期的、非计划的经济价值的减少。通常的损失分为两种形态，即直接损失和间接损失。直接损失是指风险事故导致的财产本身损失和人身伤害，这类损失又称为实质损失；间接损失则是指由直接损失引起的其他损失，包括额外费用损失、收入损失和责任损失，不包括精神损失。

综上，风险的构成三要素之间是一个统一体。风险因素引起或增加风险事故，风险事故发生可能造成损失。

（二）风险的特征

1. 客观性

客观性是指风险是客观存在的，而不是人的头脑中的主观想像。人们只能在一定的范围内改变风险存在和发生的条件，降低风险事故发生的频率（概率）和损失幅度，而不能也不可能彻底消灭全部风险。

2. 偶然性

尽管车祸对您而言是否会发生、发生的时间及发生的后果都是不确定的，但车祸对整个有车族而言其发生又具有必然性。所以说，个体风险是否发生、发生时间及发生后果都是不确定的。即：具有偶然性，但大量（总体）风险事故的发生又具有必然性。

3. 可变性

可变性是指风险在一定条件下可以转化。风险的变化，有量的变化，也有质的变化，还有风险的消失到产生新风险的变化。风险变化的原因是风险因素的改变。这种改变主要来自科技的进步、经济体制与结构的转变和政治与社会结构的改变。

（三）风险的分类

1. 按风险的环境分类

（1）静态风险　静态风险由自然力的不规则变动，人们的行为所引起，与社会的经济、政治变动无关。如各种自然灾害。

（2）动态风险　动态风险与社会的经济、政治变动有关。如：技术进步、人口增长、政治经济体制的改革等风险。

2. 按风险的性质分类

（1）纯粹风险　纯粹风险是指风险发生后只有损失的可能性而无获利可能性的风险

（2）投机风险　纯粹风险是指风险发生后既有损失的可能性又有获利可能性的风险。

3. 按风险的对象分类

（1）财产风险　财产风险是指导致财产毁损、灭失和贬值的风险。

（2）责任风险　责任风险是指依法对他人造成人身伤害或财产损失应负法律赔偿责任的风险。

（3）信用风险　信用风险是指无法履行合同给对方造成经济损失的风险。

（4）人身风险　人身风险是指因生、老、病、死、残而导致的风险。

4. 按风险产生的原因分类

（1）自然风险　自然风险是指各种自然灾害。

（2）社会风险　如盗窃、抢劫、玩忽职守等。

（3）政治风险　如战争、暴动等。

（4）经济风险　如企业的决策失误、经营管理不善等风险。

（四）可保风险

（1）可保风险的概念　可保风险是指可以被保险公司所接受承保的风险。保险公司并非有险必保

（2）可保风险的构成要件　从可保风险概念可以知道，可保风险必须满足以下条件

1）须为纯粹风险（非投机风险）。

2）须为偶然性风险（非必然的风险）。

3）须为意外风险（非故意的风险）。

4）须为大量标的均有受损可能性的风险（非少数标的）。

5）须为有重大损失可能性的风险（非小额损失）。

（五）保险专业术语

1. 保险人

1）保险人又称承保人，是指向投保人收取保费，在保险事故发生后，对被保险人或受益人承担赔偿损失或给付保险金责任的法人。保险人通常就是保险公司。

2）我国保险公司主要有两种组织形式，一是有限责任公司，包含国有独资有限公司；二是股份有限公司，分上市股份有限公司和非上市股份有限公司。

保险人的基本权利是收取保费，基本义务是承担给付或赔偿责任。

2. 投保人

投保人又称要保人，是对保险标的具有可保利益，向保险人申请订立保险合同，并负有缴付保险费义务的自然人或者法人。

投保人必须具备如下要件：①具有完全的民事权利能力和行为能力；②对保险标的有可保利益；③缴纳保险费。

3. 被保险人

被保险人是指其财产、利益或生命、身体受到保险合同保障，在保险事故发生后具有向保险人要求给付保险金的自然人或者法人。

财产保险中，被保险人既可以是自然人，也可以是法人。人身保险中，被保险人只能是有生命的自然人。保险事故发生后，被保险人有权索取保险金。

投保人为自己的利益投保，投保人就是被保险人，常见于财产险。投保人为他人的利益投保，投保人与被保险人是不同的人，常见于人身险。

4. 受益人

受益人是指人身保险合同中由投保人或被保险人指定的，在保险事故发生后向保险人行使保险金请求权的人。

（1）受益人的产生方式　①指定（不一定是被保险人的继承人）；②法定（在没有指定的情况下，为被保险人的法定继承人）。

（2）受益人的资格条件　无资格限制，可以是任何自然人或法人。

（3）受益人的权利　①受益人的权利就是受益权，即请求保险赔偿金的权利；②受益权是一种期得权利⊖；③受益人享有受益权，但对其无处分权利；④受益权具有排他性。

（4）受益人丧失受益权的情况　①受益人先于被保险人死亡；②受益人被被保险人变更；③受益人放弃受益权；④受益人依法丧失受益权。

特别提示：
① 受益人由投保人或被保险人指定，投保人指定受益人时须经被保险人同意。
② 被保险人为无民事行为能力或限制行为能力人的人，依法应由其监护人来指定受益人或者至少是由他指定的受益人应征得其监护人的同意。
③ 被保险人和受益人都有权要求保险人给付保险赔偿金。《保险法》规定，被保险人为保险金的第一请求权人，受益人为保险金第二请求权人，也就是说受益人只有在被保险人死亡的情况下，才享有受益权。

注意：我国《保险法》规定，受益人故意造成被保险人死亡或伤残的，或者故意杀害被保险人未遂的，丧失受益权。

5. 保单持有人

拥有保单各种权利的人，主要适用于寿险合同。保单持有人既可是自然人，也可是法人，保险实务中，保单持有人与被保险人一般为同一人。

6. 保险标的

保险标的是指保险合同中载明的投保对象，是保险事故发生所在的本体。

保险标的来源为：财产险——各类财产物资及其相关利益或责任；人身险——人的生命和身体。

二、风险管理概述

（一）风险管理方法

风险管理是指经济单位通过对风险的识别、估测、评价，并选择适当的风险处理技术，对风险实施有效的控制并妥善处理风险所引起的损失，期望达到以最小的成本获得最大安全保障的管理活动。

1. 控制型风险管理方法

控制型风险管理技术是指在风险分析的基础上，针对存在的风险因素，积极采取控制技术以消除风险因素，或减少风险因素的危险性。

控制型风险管理技术的主要表现为：在事故发生前，降低事故发生的频率；或者在事故发生时控制损失继续扩大，将损失减少到最低限度。

控制型风险管理方法主要有：

（1）避免　避免风险是指放弃某一计划或方案从而避免由此可能产生的损失后果，达到回避风险的目的。避免风险是最彻底的风险控制方法，即从根本上消除风险，但其局限与缺陷也是显而易见的，在回避风险的同时，便放弃了从事这项活动带来的好处或某种经济利

⊖ 期得权利是指受益人的受益权是将来时，即受益权利只有在被保险人死亡的情况下才享有，而且，在保险合同期内，被保险人可以随时更换受益人。

益。避免的风险管理方法适用于发生频率高、损失幅度大的风险。

（2）预防 预防风险是指在风险发生之前采取措施减少风险的发生频率与损失程度，它是通过消除或减少风险因素来实现的。预防的风险管理方法适用于损失频率高而损失幅度低的风险。

（3）分散 分散风险是指以增加风险单位数量来提高风险的可测性，平衡风险损失，降低风险成本。

（4）抑制 抑制风险是指风险发生时或发生后采取的各种防止损失的措施。抑制的风险管理方法适用于损失程度高且又无法避免和转嫁的风险。

2. 财务型风险管理方法

财务型风险管理方法是指通过财务计划，资金筹措等经济手段，对风险事故造成的经济损失进行补偿的风险管理方法。

财务型风险方法主要有：

（1）自留 自留是指对风险的自我承担的方法，是将风险损失的后果通过自身财务能力进行承担的风险处理方法，是风险管理的一个重要手段。一般对于短期可预测的，且损失影响不大的风险采取风险自留的方法。自留风险管理方法的优点是成本低，方便有效，节省费用；缺点在于有时会因风险单位数量的限制或自我承受能力的限制，而无法实现其处理风险的效果，导致财务安排上的困难而失去作用。

（2）转嫁 转嫁是指有意识地将损失或损失有关的后果转嫁给另一些单位或个人去承担的风险管理方法。转嫁有保险转嫁、非保险转嫁和合同转嫁几种形式。

（二）风险管理程序

1. 风险管理的概念

风险管理是组织或个人用以降低风险的消极结果的决策过程。通过风险识别、风险估测、风险评价，并在此基础上选择与优化组合各种风险管理技术，从而以最小的成本获得最大的安全保障。

2. 风险管理程序

风险管理的基本程序包括风险识别、风险估测、选择风险管理方法和风险管理效果评价等环节。

（1）风险识别 风险识别是经济单位或个人对所面临的以及潜在的风险加以判断、归类整理，并对风险的性质进行鉴定的过程。

（2）风险估测 风险估测是指在风险识别的基础上，通过对所收集的大量的详细损失资料加以分析，运用概率论和数理统计，估计和预测风险发生的概率和损失程度。风险估测的内容主要包括损失频率和损失程度两个方面。

（3）选择风险管理方法 选择风险管理方法是风险管理中最重要的环节。风险管理方法分为控制法和财务法两大类，前者的目的是降低损失频率和损失程度，重点在于改变引起风险事故和扩大损失的各种条件；后者是事先做好吸纳风险成本的财务安排。

（4）风险管理效果评价 风险管理效果评价是分析、比较已实施的风险管理方法的结果与预期目标的契合程度，以此来评判管理方案的科学性、适应性和收益性。可用效益比值来评价。

三、商业保险概述

1. 商业保险的概念

商业保险又称为合同保险或自愿保险，是指保险双方当事人通过订立保险合同，投保人向保险人交纳保险费，用于建立保险基金；保险人对于发生合同约定的财产损失或人身事件履行赔偿或给付保险金义务的制度。

2. 商业保险的基本特征

商业保险具有以下基本特征：

（1）互助性　一人为众，众为一人。

（2）经济性　筹集资金，用于经济补偿。

（3）法律性　保险双方的保险关系建立在保险合同的基础上。

（4）科学性　保险基金的筹集建立在概率论和大数法则的基础上。

3. 保险的分类

（1）按保险标的分类　根据保险标的的不同，商业保险可以分为人身保险和财产保险。

1）人身保险。将人的身体和寿命作为保险标的，将生存、年老、疾病、伤残、死亡等人身风险作为保险事故的一种保险。人身保险主要有人寿保险、健康保险和意外伤害保险。

2）财产保险。将财产及其相关利益作为保险标的的一种保险。财产保险有广义和狭义之分，具体种类见下图1-1-1 财产保险的业务体系。

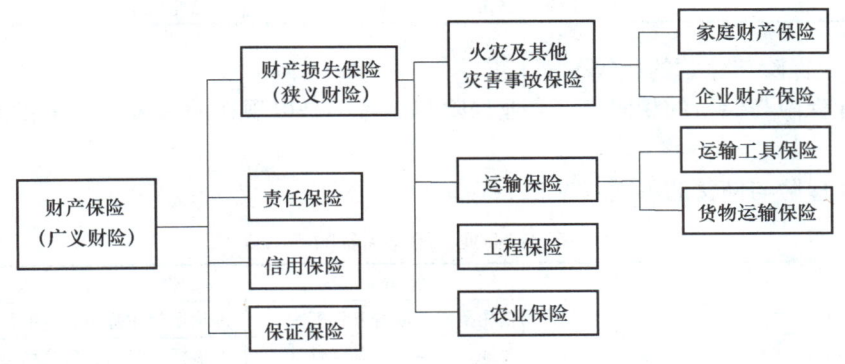

图1-1-1　财产保险的业务体系

（2）按照实施方式分类　按照实施方式的不同，保险可以分为强制保险和自愿保险。

1）强制保险。强制保险又叫法定保险，是指国家通过颁布法令强制实施的一种保险。

2）自愿保险。自愿保险指投保人和保险人在平等自愿的基础上，通过订立保险合同而建立保险关系的一种保险。

（3）按承保方式分类　按照保险人承保方式的不同，保险可以分为原保险、再保险、共同保险和重复保险。

1）原保险。原保险是投保人通过与保险人直接订立保险合同而建立的原始的保险关系，当保险标的发生合同约定范围内的损失时，保险人直接对被保险人给予经济赔偿或给付保险金的一种保险。

2）再保险。又叫分保，是指原保险人将自己承担的原保险责任的一部分或全部，以订立再保险合同的方式分给另一个或几个保险人承担的一种保险。

3）共同保险。指由两个或两个以上保险人联合起来共同承保同一保险标的、同一风险、同一保险事故，且其保险金额总和不超过保险标的的保险。

4）重复保险。指投保人在同一期限内就同一保险标的、同一保险利益、同一保险事故分别向两个以上保险人投保，并分别订立保险合同的一种保险。

4. 商业保险与类似制度的比较

（1）商业性人身保险与社会保险的比较　社会保险是国家通过立法的形式为依靠工资收入生活的劳动者及其家属提供基本生活保障，促进社会安定的制度或行为。

1）商业保险与社会保险的相同之处。商业保险与社会保险都是以人的生命和身体作为保险标的，以人身风险作为保险事故，通过建立保险基金，补偿损失，安定社会生活的经济保障制度。

2）商业保险与社会保险的区别见表1-1-1。

表1-1-1　商业保险与社会保险的区别

	商业保险	社会保险
实施方式与依据	自愿	强制
保障对象	公民	劳动者
保费来源	投保人缴纳	投保人、单位、政府
保险金额及保障水平	投保人自由决定；较高	统一；较低
经营机构及目的	保险公司、营利性	政府指定机构、非营利性
受益人资格	指定或法定	法定继承人

（2）商业保险与储蓄的比较

1）商业保险与储蓄的相同点。商业保险与储蓄都是以现在的资金为将来做准备，保障经济稳定。

2）商业保险与储蓄的不同点见表1-1-2。

表1-1-2　商业保险与储蓄的不同点

	商业保险	储蓄
经济范畴不同	非货币信用范畴、联合互助行为	货币信用范畴、自助行为
需求动机不同	单一，时间、金额具不确定性	多样，时间、数量均可确定
权利主张不同	受保险合同约束	完全自由支配
运行机制不同	需要特殊技术	无需特殊技术

（3）商业保险与救济的比较

1）商业保险与救济的相同点。商业保险与救济都是灾后保障经济安定的措施。

2）商业保险与救济的不同点见表1-1-3。

表1-1-3　商业保险与救济的不同点

	商业保险	救济
权利义务不同	双务合同，有偿	单方施舍，无偿
给付对象不同	事先在合同中约定	事先不确定，较广泛
主张权利方式不同	严格按保险合同的约定	形式多样、数量不定

(4）商业保险与赌博的比较

1）商业保险与赌博的相同点。商业保险与赌博都依赖于偶然事件的发生。

2）商业保险与赌博的不同点见表1-1-4。

表1-1-4 商业保险与赌博的不同点

	商 业 保 险	赌 博
目的不同	转移风险、获得生活安定	图谋暴利
条件不同	须有可保利益的要求，不能获取额外利益	无须可保利益，可获额外利益
机制不同	互助共济，利人利己	个人行为，损人利己
后果	减少风险，保持经济安定	制造风险，增加不安定

5. 保险的职能

（1）基本职能

1）分散风险。保险的分散只能体现在空间上的分散和时间上的分散。空间上的分散是指保险人把投保的少数成员的损失平均分摊给全体投保人来承担。时间上的分散是指保险人通过预收分担金，在实际损失发生以后进行补偿。

2）补偿损失。保险的最主要的职能就是补偿损失，保险人通过将保险费集中起来建立保险基金的形式，把该基金用于补偿约定事件发生而遭受的经济损失。

（1）保险的派生职能

1）资金的融通。保险公司通过开展承保业务，将社会中的闲散资金汇集起来，形成规模庞大的保险基金，即将各经济主体和个人的可支配收入中的一部分以保费的形式聚集起来，能够起到分流部分社会储蓄的作用，有利于促进储蓄向投资的转化。保险公司又通过投资将积累的保险资金运用出去，以满足未来支付和保险基金保值增值的需要。

2）社会管理职能。一般来讲，社会管理是指对整个社会及其各个环节进行调节和控制的过程，目的在于正常发挥各系统、各部门、各环节的功能，从而实现社会关系和谐、整个社会良性运行和有效管理。保险的社会管理功能不同于国家对社会的直接管理，而是通过保险内在的特性，促进经济社会的协调以及社会各领域的正常运转和有序发展。保险的社会管理功能是在保险业逐步发展成熟并在社会发展中的地位不断提高和增强之后衍生出来的一项功能。

保险的社会管理功能主要体现在以下几个方面：

① 社会保障管理。社会保障被誉为"社会的减震器"，是保持社会稳定的重要条件。保险是社会保障体系的重要组成部分，在完善社会保障体系方面发挥着重要作用。一方面，商业保险可以为城镇职工、个体工商户、农民和机关事业单位等没有参与社会保险制度的劳动者提供保险保障，有利于扩大社会保障的覆盖面；另一方面，保险具有产品灵活多样、选择范围广等特点，可以为社会提供多层次的保障服务，提供社会保障水平，减轻政府在社会保障方面的压力。此外，我国的保险业为缓解社会就业压力、维护社会稳定、保障人民安居乐业作出了积极贡献。

② 社会风险管理。风险无处不在，防范、控制风险和减少风险损失是全社会的共同任务。保险公司从开发产品、制定费率到承保、理赔的各个环节，都直接与灾害事故打交道，不仅具有识别、衡量和分析风险的专业知识，而且积累了大量风险损失资料，为全社会风险管理提供了有力的数据支持。同时，保险公司能够积极配合有关部门做好防灾防损，并通过

采取差别费率等措施，鼓励投保人和被保险人主动做好各项预防工作，降低风险发生的概率，实现对风险的控制和管理。

③ 社会关系管理。通过保险应对灾害损失，不仅可以根据保险合同约定对损失进行合理补偿，而且可以提供事故处理的效率，减少当事人可能出现的各种纠纷。由于保险介入灾害处理的全过程，参与到社会关系的管理之中，逐步改变了社会主体的行为模式，为维护政府、企业和个人之间正常、有序的社会关系创造了有利条件，减少了社会摩擦，起到了"社会润滑器"的作用，大大提高了社会运行的效率。

④ 社会信用管理。完善的社会信用制度是建设现代市场体系的必要条件，也是规范市场经济秩序的治本之策。最大诚信原则是保险经营的基本原则，保险公司经营的产品实际上是一种以信用为基础、以法律为保障的承诺，在培养和增强社会的诚信意识方面具有潜移默化的作用。同时，保险在经营过程中可以收集企业和个人的履约行为记录，为社会信用体系的建立和管理提供重要的信息资料来源，实现社会信用资源的共享。

课题二 汽车风险分析

一、车主面临的主要风险类型

> **案例引入**
>
> 李先生2011年9月拿到驾驶执照，2011年10月花15万元买了一辆大众新宝莱。车子买好后，面对五花八门的汽车保险产品，对汽车保险一无所知的李先生犯愁了，不知道自己应该买哪些汽车保险险种及到哪里购买。
>
> 李先生是某家国有企业的中层干部，买车的主要目的是代步。他经常开着车子到郊区出差，也经常空闲时带着家人一起旅游。李先生的车子休息时停在自家小区车位，上班时李先生的车停在单位附近收费停车场。

按照市场营销中有关消费者购买决策理论分析，车主购买车险的程序如图1-1-2所示。

根据图1-1-2的车险投保程序，解决上面案例的要点在于分析李先生的车子会给他带来哪些风险，针对这些风险购买合适的汽车保险产品。通常，由车子带来的车主的风险有以下三大类：

1. 车辆损失

（1）因意外事故而引起的损失　如：碰撞、倾覆、坠落、外界的火灾或爆炸、外界物体的坠落或倒塌等。

（2）因自然灾害而引起的损失　如：地震、海啸、洪水、雷击、暴雨、崖崩、滑坡、暴风等。

（3）因社会风险而引起的损失　如：被盗抢、暴动、被划等。

（4）因政治风险而引起的损失　如：战争、军事冲突、政府征用、动乱、恐怖活动、暴乱、宗教冲突等。

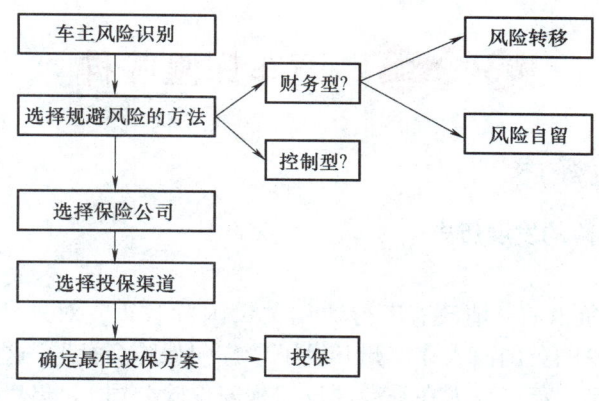

图1-1-2 车险投保程序

（5）因经济风险而引起的损失 如：贬值、修理后价值降低等。

（6）因车辆自身原因而引起的损失 如：自然磨损、朽蚀、腐蚀、故障、自燃、车载货物撞击等。

（7）因车主或驾驶员自身的原因而引起的损失 如：被扣押、被收缴、被没收、年检问题、发动机进水后操作不当、醉酒驾车、疲劳驾驶等。

2. 人员伤亡

（1）车主本人的伤亡。

（2）实际驾驶员或乘客的伤亡。

（3）车下人员被撞的伤亡。

3. 自身车辆以外的财产损失

（1）事故的施救费用。

（2）车主或实际驾驶员、乘客随身携带的财产损失。

（3）车载货物的损失。

（4）车下第三者遭受的财产（包括车辆）损失和精神损失。

（5）车主因车辆停驶遭受的利润损失。

（6）公共财产损失

二、选择规避汽车风险的方法

规避风险的方法主要有控制型和财务型。控制型风险管理方法运用在汽车上主要有预防和抑制，即分别从事前减少车辆事故发生的概率和事后减少事故损失方面来规避汽车风险，但是对于汽车发生事故多的情况，控制型的管理方法效果不理想。财务型的风险管理方法主要有自留和转嫁。有些车主认为自己驾驶技术好，车辆使用频率小就只投保交强险以应付上牌照和上路，不投保商业车险，但是，汽车是发生事故概率最大的交通工具，且一旦发生人员伤亡，车主经济负担将加剧，所以，自留的方法会给车主带来一定的经济压力，这种方法对于大多数车主来说不是最佳的规避汽车风险的方法。财务型风险管理方法的另外一种就是转嫁，而转嫁中的保险是车主规避汽车风险的最理想的方法。所以在所有的规避汽车风险的方法中，投保汽车保险是每个车主的最佳选择。

课题三　汽车保险险种

一、汽车保险概述

（一）我国汽车保险的发展历史

1. 萌芽时期

在1840年鸦片战争以前，清政府奉行"闭关锁国"政策，对外贸易仅限于广州一地。1805年，经营中国贸易的英国商人在广州开设了"广州保险会社"，这是外商在中国开设最早的保险公司。1835年，英国商人在香港开设"保安保险公司"。鸦片战争爆发后，我国沦为半封建半殖民地社会，外国的保险公司进入我国。从19世纪70年代起，英国人又陆续在上海设立扬子保险公司、中华保险公司、太阳保险公司、巴勒保险公司等。由于外国保险公司的垄断，我国的汽车保险只是处于萌芽状态。

2. 试办时期

1949年10月20日，中国人民保险公司在北京成立，这标志着新中国保险业的发展从此开始。1950年，人保开办了汽车保险，但于1955年又停办了汽车保险业务。

3. 发展时期

1983年11月，我国将汽车保险更名为"机动车辆保险"，使其具有更广泛的适应性。1985年，我国首次制定了机动车辆保险条款（期间经过多次修改与完善）。2006年7月1日，我国将第三者责任险改成交强险和商业第三者责任险，并实施了全国统一的条款及费率。2007年，我国实行全国统一的新版机动车辆保险条款（A、B、C三款）。

（二）07版机动车商业保险的主要特点

现在，我国机动车辆保险条款是从2007年4月1日开始实施的，有A、B、C三款。各家保险公司自主决定采用哪一款。现在人保财险、大地财险、阳光保险等采用的是A款；平安财险、渤海财险等采用的是B款；太平洋财险等采用的是C款。07版机动车辆商业保险A、B、C条款主要有以下特点：

（1）主险增多　除车损险、商三险外，车上人员责任险和盗抢险也可作为主险。选07-A款或07-B款的保险公司，可自主决定是否将车上人员责任险和盗抢险列为主险。选07-C款的保险公司，车上人员责任险和盗抢险均为主险。主险多，车主投保时有了更多的主动权和选择权。

（2）免除责任扩大　与以往的机动车辆商业保险条款相比，07版机动车辆商业保险A、B、C条款的免除责任扩大了。保险公司的保险责任范围缩小了。

（3）费率随出险率浮动，费率因子整体上变得更加灵活　07版机动车辆商业保险A、B、C条款的险种在费率上采取与出险率挂钩的方法。出险率高，续保时费率就高。费率因子整体上变得更加灵活。

（4）费率稳定　除个别险种外，主险费率基本保持不变。

（5）附加险增多　附加险增多，且更具个性化。

07版机动车辆商业保险A、B、C条款统一了险种，且保监会就商业汽车保险产品的价格作了规范和统一。为了在汽车保险市场上增强竞争力，各家保险公司针对车主的需求，开发了有特色的附加险，以适应客户的需要。如人保设计了发动机特别损失险和代步机动车服务特约险。

二、交强险

（一）交强险概述

1. 交强险概念

机动车交通事故责任强制保险（简称交强险），是指由保险公司对被保险机动车发生道路交通事故造成本车人员、被保险人以外的受害人的人身伤亡、财产损失，在责任限额内予以赔偿的强制性责任保险。

《机动车交通事故责任强制保险条款》规定：凡是在中华人民共和国境内道路上行驶的机动车的所有人或者管理人，应当依照《中华人民共和国道路交通安全法》的规定投保机动车交通事故责任强制保险。没有投保交强险的机动车辆机动车管理部门不得予以登记，机动车安全技术检验机构不得予以检验，公安交通管理部门将扣车并处以2倍保费的罚款。

2. 交强险的解除

《机动车交通事故责任强制保险条款》规定投保人不得解除机动车交通事故责任强制保险合同，但有下列情形之一的除外：第一，被保险机动车被依法注销登记的；第二，被保险机动车办理停驶的；第三，被保险机动车经公安机关证实丢失的。

3. 交强险特点

（1）赔偿主体特定性　交强险的赔偿主体只能是本车人员、被保险人以外的受害人。该受害人是因被保险机动车发生交通事故遭受人身伤亡或者财产损失的人，但不包括被保险机动车本车车上人员、被保险人。本车车上人员、被保险人的人身伤亡或者财产损失则由对方机动车（假设事故对方是机动车）投保的交强险保险公司在责任限额内承担。假若对方不是机动车，或对方的机动车辆没有投保交强险，那么本车车上人员、被保险人的人身伤亡或者财产损失就不能享受交强险的保护，只能求助于商业险，如人身意外保险等进行保护。

（2）责任有限性　我国交强险保费的制定坚持不盈利不亏损的原则。交强险的责任限额是有限的（责任限额是指被保险机动车发生交通事故，保险人对每次保险事故所有受害人的人身伤亡和财产损失所承担的最高赔偿金额）。

（3）保险的强制性　保险强制性不是仅对投保人，对保险公司同样具有强制性。机动车所有人、管理人未按照规定投保交强险的，由公安机关交通管理部门扣留机动车，通知机动车所有人、管理人依照规定投保，处依照规定投保最低责任限额应缴纳的保险费的2倍罚款，而且投保人不得解除交强险合同。《机动车交通事故责任强制保险条款》规定：保险公司拒绝或者拖延承保交强险的，或未按照统一的保险条款和基础保险费率从事交强险业务的，或违反规定解除交强险合同的，或拒不履行约定的赔偿保险金义务的，或未按照规定及时支付或者垫付抢救费用的，由保监会责令改正，处5万元以上30万元以下罚款，情节严重的，可以限制业务范围、责令停止接受新业务或者吊销经营保险业务许可证。

4. 交强险与商三险的主要区别

交强险与商三险的赔偿对象存在共同之处，都是为了保护第三者的人身和财产安全，但是，交强险与商三险也有许多不同的地方。

（1）赔偿限额不同　商三险的赔偿限额有5万、10万、15万、20万、30万、50万、

100万七个档次。交强险的赔偿限额见表1-1-5。

表1-1-5 交强险的赔偿限额

	死亡伤残	医疗费用	财产损失
有责任的限额	11万元	1万元	2000元
无责任的限额	1.1万元	1000元	100元

（2）投保的方式不同 交强险实行的是强制投保方式，机动车所有人、管理人必须按照规定投保交强险；保险公司对于投保的机动车辆必须投保，不得拒保退保。商三险实行的是自愿投保原则。

（3）赔偿原则不同 交强险实行无责赔付，即事故无责任一方车辆所在保险公司也要承担对有责方的人身和财产损失。这一点在表1-1-1交强险的赔偿限额中可以看出来。商三险实行的是有责赔付，即事故有责任一方车辆所在的保险公司参与对无责方的赔付，而无责任一方所在保险公司无需承担赔付。

（4）条款费率不同 交强险的条款和费率全国统一。机动车辆A、B、C条款之间在商三险的条款和费率上存在差异。

（5）经营资格不同 财产保险公司对于交强险的经营由保监会指定。财产保险公司经营只要向保监会提出申请。

（二）交强险保费

我国交强险保费的制定坚持不盈利不亏损的原则。表1-1-6为机动车辆的交强险保险费。

表1-1-6 机动车辆的交强险保险费

车辆大类	序号	车辆明细分类	保费/元
一、家庭自用车	1	家庭自用汽车6座以下	950
	2	家庭自用汽车6座及以上	1100
二、非营业客车	3	企业非营业汽车6座以下	1000
	4	企业非营业汽车6~10座	1130
	5	企业非营业汽车10~20座	1220
	6	企业非营业汽车20座以上	1270
	7	机关非营业汽车6座以下	950
	8	机关非营业汽车6~10座	1070
	9	机关非营业汽车10~20座	1140
	10	机关非营业汽车20座以上	1320
三、营业客车	11	营业出租租赁6座以下	1800
	12	营业出租租赁6~10座	2360
	13	营业出租租赁10~20座	2400
	14	营业出租租赁20~36座	2560
	15	营业出租租赁36座以上	3530
	16	营业城市公交6~10座	2250
	17	营业城市公交10~20座	2520

（续）

车辆大类	序号	车辆明细分类	保费/元
三、营业客车	18	营业城市公交 20～36 座	3020
	19	营业城市公交 36 座以上	3140
	20	营业公路客运 6～10 座	2350
	21	营业公路客运 10～20 座	2620
	22	营业公路客运 20～36 座	3420
	23	营业公路客运 36 座以上	4690
四、非营业货车	24	非营业货车 2 吨以下	1200
	25	非营业货车 2～5 吨	1470
	26	非营业货车 5～10 吨	1650
	27	非营业货车 10 吨以上	2220
五、营业货车	28	营业货车 2 吨以下	1850
	29	营业货车 2～5 吨	3070
	30	营业货车 5～10 吨	3450
	31	营业货车 10 吨以上	4480
六、特种车	32	特种车一	3710
	33	特种车二	2430
	34	特种车三	1080
	35	特种车四	3980
七、摩托车	36	摩托车 50CC 及以下	80
	37	摩托车 50CC～250CC（含）	120
	38	摩托车 250CC 以上及侧三轮	400
八、拖拉机	39	兼用型拖拉机 14.7kW 及以下	按保监产险 [2007] 53 号实行地区差别费率
	40	兼用型拖拉机 14.7kW 以上	
	41	运输型拖拉机 14.7kW 及以下	
	42	运输型拖拉机 14.7kW 以上	

从 2012 年开始，交强险费率实行双挂钩制度，即交强险费率既与道路交通事故挂钩，又与道路交通安全违法行为挂钩。交通违法行为并不是指所有违法记录，主要指闯红灯、酒后开车、无证驾驶、逆行、超速、超载、安全装置不达标等严重交通违法行为。经国务院修改后的《机动车交通事故责任强制保险条例》第八条明确提出了交强险费率要与道路交通违法行为挂钩。《机动车交通事故责任强制保险条例》中写到，被保险机动车没有发生道路交通安全违法行为和道路交通事故的，保险公司应当在下一年度降低其保险费率。在此后的年度内，被保险机动车仍然没有发生道路交通安全违法行为和道路交通事故的，保险公司应当继续降低其保险费率，直至最低标准。被保险机动车发生道路交通安全违法行为或者道路交通事故的，保险公司应当在下一年度提高其保险费率。多次发生道路交通安全违法行为、道路交通事故，或者发生重大道路交通事故的，保险公司应当加大提高其保险费率的幅度。

在道路交通事故中被保险人没有过错的，不提高其保险费率。

（三）交强险单证和标志

1. 交强险单证

交强险保险单由保监会统一制订。机动车辆的交强险保险单见图 1-1-3。

2. 交强险标志

交强险标志有内置型标志和便携型标志。

中国保险监督管理委员会监制　　　　限在××省(市、自治区)销售

机动车交通事故责任强制保险单（正本）

LOGO　　××××保险公司

（地区简称）：

保险单号：

<table>
<tr><td colspan="2">被保险人</td><td colspan="6"></td></tr>
<tr><td colspan="3">被保险人身份证号码(组织机构代码)</td><td colspan="5"></td></tr>
<tr><td colspan="2">地址</td><td colspan="3"></td><td>联系电话</td><td colspan="2"></td></tr>
<tr><td rowspan="4">被保险机动车</td><td>号牌号码</td><td></td><td>机动车种类</td><td></td><td>使用性质</td><td colspan="2"></td></tr>
<tr><td>发动机号码</td><td></td><td>识别代码(车牌号)</td><td colspan="4"></td></tr>
<tr><td>厂牌型号</td><td></td><td>限定载客</td><td>人</td><td>锁定载质量</td><td colspan="2">千克</td></tr>
<tr><td>排量</td><td></td><td>功率</td><td></td><td>登记日期</td><td colspan="2"></td></tr>
<tr><td rowspan="3">责任限额</td><td>死亡伤残赔偿限额</td><td colspan="2">50000元</td><td colspan="2">无责任死亡伤残赔偿限额</td><td colspan="2">10000元</td></tr>
<tr><td>医疗费用赔偿限额</td><td colspan="2">8000元</td><td colspan="2">无责任医疗费用赔偿限额</td><td colspan="2">1600元</td></tr>
<tr><td>财产损失赔偿限额</td><td colspan="2">2000元</td><td colspan="2">无责任财产损失赔偿限额</td><td colspan="2">400元</td></tr>
<tr><td colspan="8">与道路交通安全违法行为和道路交通事故相联系的浮动比率　　%</td></tr>
<tr><td colspan="8">保险费合计(人民币大写)：　　(¥：　　元) 其中救助基金(　%)¥：　　元</td></tr>
<tr><td colspan="8">保险期间自　　年　　月　　日零时起至　　年　　月　　日二十四时止</td></tr>
<tr><td colspan="3">保险合同争议解决方式</td><td colspan="5"></td></tr>
<tr><td rowspan="4">代收车船税</td><td>整备质量</td><td colspan="2"></td><td>纳税人识别号</td><td colspan="3"></td></tr>
<tr><td>当年应缴</td><td>¥　　元</td><td>往年补缴</td><td>¥　　元</td><td>滞纳金</td><td colspan="2">¥　　元</td></tr>
<tr><td colspan="7">合计(人民币大写)：　　(¥：　　元)</td></tr>
<tr><td colspan="2">完税凭证号(减免税证明号)</td><td colspan="2"></td><td>开具税务机关</td><td colspan="2"></td></tr>
<tr><td>特别约定</td><td colspan="7"></td></tr>
<tr><td>重要提示</td><td colspan="7">1. 请详细阅读保险条款，特别是责任免除和投保人，被保险人义务。
2. 收到本保险单后，请立即核对，如有不符或疏漏。请及时通知保险人并办理变更或补充手续。
3. 保险费应一次性交清，请您及时核对保险单和发票(收据)，如有不符，请及时与保险人联系。
4. 投保人应如实告知对保险费计算有影响的或被保险机动车因改装，加装，改变使用性质等导致危险程度增加的重要事项，并及时通知保险人办理批改手续。
5. 被保险人应当在交通事故发生后及时通知保险人。</td></tr>
<tr><td>保险人</td><td colspan="7">公司名称：
公司地址：
邮政编码：　　服务电话：　　签单日期：　　(保险人签章)</td></tr>
</table>

核保：　　制单：　　经办：

第四联　叫受保人

图 1-1-3　机动车辆交强险保险单

（1）内置型交强险标志 《机动车交通事故责任强制保险条例》规定，购买了交强险的机动车辆，必须在规定地方张贴交强险标志。若上路行驶的机动车虽购买了交强险，但未按规定张贴或携带交强险标志的，则机动车将被扣留并处以警告或20～200元的罚款。伪造或使用伪造的保险标志或使用其他机动车保险标志的，机动车将被扣留并处以200～2000元的罚款。内置型标志（见图1-1-4）适用有前风窗玻璃的车辆。将正面涂胶后张贴在前风窗玻璃的右上角。

（2）便携型交强险标志 便携型交强险标志（见图1-1-5）适用无前风窗玻璃的车辆。便携型保险标志用于车主随身携带。

图1-1-4 内置型交强险保险标志正面

图1-1-5 便携型交强险标志正面

（四）交强险中的有关垫付和追偿情况

被保险机动车发生道路交通事故造成本车人员、被保险人以外的受害人人身伤亡、财产损失的，由保险公司依法在机动车交通事故责任强制保险责任限额范围内予以赔偿。道路交通事故的损失是由受害人故意造成的，保险公司不予赔偿。

《机动车交通事故责任强制保险条例》规定，有下列情形之一的，保险公司在机动车交通事故责任强制保险责任限额范围内垫付抢救费用，并有权向致害人追偿：

① 驾驶人未取得驾驶资格或者醉酒的；
② 被保险机动车被盗抢期间肇事的；
③ 被保险人故意制造道路交通事故的。

为了保障第三者的人身和财产安全，在车险无法赔偿的情况下，国家设立道路交通事故社会救助基金（简称救助基金）。有下列情形之一时，道路交通事故中受害人人身伤亡的丧葬费用、部分或者全部抢救费用，由救助基金先行垫付，救助基金管理机构有权向道路交通事故责任人追偿：

① 抢救费用超过机动车交通事故责任强制保险责任限额的；
② 肇事机动车未参加机动车交通事故责任强制保险的；
③ 机动车肇事后逃逸的。

（五）交强险赔偿处理

1．交强险赔偿对象

《机动车交通事故责任强制保险条例》规定：被保险机动车发生道路交通事故造成本车人员、被保险人以外的受害人人身伤亡、财产损失的，由保险公司依法在机动车交通事故责任强制保险责任限额范围内予以赔偿。

以上可以看出，交强险的赔偿对象为本车人员、被保险人以外的人的人身伤亡以及财产损失，交强险不负责赔偿被保险人自身的财产损失。交强险的赔偿对象比商业第三者责任险宽泛。

2. 交强险的赔偿限额

被保险机动车辆发生交通事故后，被保险人向保险公司提出索赔申请，保险公司应当在规定时间内作出是否给予赔付的决定，并且在交强险赔偿限额（见表1-1-1）内做出赔偿处理。

3. 交强险保险责任

交强险赔付必须具备以下四个条件：

1) 被保险机动车在中华人民共和国境内使用；
2) 被保险机动车在使用过程中发生交通事故；
3) 该事故造成了受害人的人身伤亡或财产损失；
4) 事故中，无论被保险人有无责任，该事故涉及的损失依法应当由被保险人承担。

4. 交强险责任免除

由于以下原因导致的事故损失，交强险不负责赔偿：

1) 受害人故意造成的交通事故损失；
2) 被保险人的财产和人身伤亡及车上的财产损失；
3) 车上人员的财产和人身伤亡；
4) 间接损失；
5) 因交通事故产生的仲裁费或诉讼费；
6) 驾驶人未取得驾驶资格或者醉酒驾驶；
7) 被保险车辆被盗期间肇事的；
8) 被保险人故意制造交通事故。

对于以上8条交强险责任免除中的第6、7、8条，保险公司在机动车交通事故责任强制保险责任限额范围内垫付抢救费用，并有权利向致害人追偿。

知识加油站

交强险"互碰自赔"处理规则

交强险"互碰自赔"，是建立在交通事故快速处理基础上的一种交强险快速理赔机制，即对于事故各方均有责任，各方车辆损失均在交强险财产损失赔偿限额以内，不涉及人员伤亡和车外财产损失的两车或多车互碰事故，由各保险公司在本方机动车交强险财产损失限额内对本车损失进行赔付（下图1-1-6为交强险"互碰自赔"流程）。

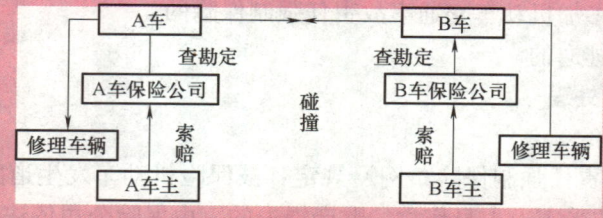

图1-1-6 交强险"互碰自赔"流程

1. 交强险"互碰自赔"处理适用条件

同时满足以下条件，适用"互碰自赔"方式处理：

1）两车或多车互碰，各方均投保交强险；

2）仅涉及车辆损失（包括车上财产和车上货物），不涉及人员伤亡和车外财产损失，各方损失金额均在2000元以内；

3）由交警认定或当事人根据出险地关于交通事故快速处理的法律法规自行协商确定各方均有责任（包括同等责任、主次责任）；

4）当事人各方对损失确定没有争议，并同意采用"互碰自赔"方式处理。

单方肇事事故、涉及人员伤亡的事故、涉及车外财产损失的事故，以及任何一方损失金额超过交强险财产损失赔偿限额的事故，都不适用"互碰自赔"方式处理。

2. 交强险"互碰自赔"处理原则

满足"互碰自赔"条件的，各保险公司分别对本方车辆进行查勘定损，并在交强险财产损失赔偿限额内，对本方车辆损失进行赔偿。

1）事故经交警处理的，被保险人可凭交警事故责任认定书、调解书，直接到各自的保险公司索赔。

2）双方根据法律法规规定自行协商处理交通事故的，经保险公司查勘现场，核对碰撞痕迹。

3）出险地建有行业交通事故集中定损中心的，由各方当事人共同到就近的定损中心进行查勘、定损。

4）原则上，任何一方车辆损失金额超过2000元的，不适用"互碰自赔"方式，按一般赔案处理。即对三者车辆损失2000元以内部分，在交强险限额内赔偿；其他损失在商业险项下按事故责任比例计算赔偿。

三、车损险

（一）车损险概念

车损险是指赔偿车辆在使用过程中由于自然灾害或意外事故造成的车辆本身损失和合理的施救费用。

从车损险的概念可以得出车损险赔偿应满足以下条件：第一，由被保险人或其允许的合格驾驶员驾驶；第二，发生事故时，车辆必须在使用过程中，而非停止状态；第三，车辆的损失由自然灾害或意外事故造成；第四，车损险负责赔偿车辆本身损失、合理施救费用。

（二）车损险保险金额的确定方式

机动车损失保险金额自以下方式中选择一种。

1）按新车购置价确定保险金额。新车购置价是指在保险合同签订地购置与被保险机动车同类型新车的价格（含车辆购置税）。投保时的新车购置价根据投保时保险合同签订地同类型新车的市场销售价格（含车辆购置税）确定，并在保险单中载明，无同类型新车市场销售价格的，由投保人与保险人协商确定。

2）按投保时被保险机动车的实际价值确定。车辆的实际价值是指新车购置价减去折旧金额后的价格。投保时被保险机动车的实际价值根据投保时的新车购置价减去折旧金额后的价格确定。被保险机动车的折旧按月计算，不足一个月的部分，不计折旧（具体见表1-1-7）。9座以下客车月折旧率为0.6%，10座以上客车月折旧率为0.9%，最高折旧金额不超过投保时被保险机动车新车购置价的80%。折旧金额＝投保时的新车购置价×被保险机动车已使用月数×月折旧率。

表1-1-7　折旧率表

车辆种类	月折旧率
9座以下客车	0.60%
低速货车和三轮汽车	1.10%
其他车辆	0.90%

3）投保时，在被保险机动车的新车购置价内协商确定。

（三）车损险的保险费

车损险的保险费＝基础保费＋保险金额×费率。车损险的费率由保监会统一制定，每个省市有差别，A、B、C条款也有差别，表1-1-8是A款车损险费率（北京市部分汽车）。

表1-1-8　A款车损险费率（北京市部分汽车）

家庭自用汽车与非营业用车		机动车损失保险							
		1年以下		1～2年		2～6年		6年以上	
		基础保费/元	费率	基础保费/元	费率	基础保费/元	费率	基础保费/元	费率
家庭自用汽车	6座以下	539	1.28%	513	1.22%	508	1.21%	523	1.24%
	6～10座	646	1.28%	616	1.22%	609	1.21%	628	1.24%
	10座以上	646	1.28%	616	1.22%	609	1.21%	628	1.24%
企业非营业客车	6座以下	335	1.11%	319	1.06%	316	1.05%	325	1.08%
	6～10座	402	1.05%	383	1.00%	379	0.99%	390	1.02%
	10～20座	402	1.13%	383	1.08%	379	1.07%	390	1.10%
	20座以上	419	1.13%	399	1.08%	395	1.07%	407	1.10%
党政机关、事业团体非营业客车	6座以下	259	0.86%	247	0.82%	245	0.81%	252	0.84%
	6～10座	311	0.82%	296	0.78%	293	0.77%	302	0.79%
	10～20座	311	0.86%	296	0.82%	293	0.81%	302	0.84%
	20座以上	324	0.86%	309	0.82%	306	0.81%	315	0.84%
非营业货车	2吨以下	254	0.98%	242	0.93%	240	0.92%	247	0.95%
	2～5吨	328	1.26%	312	1.20%	309	1.19%	318	1.22%
	5～10吨	358	1.38%	341	1.31%	338	1.30%	348	1.34%
	10吨以上	236	1.67%	225	1.59%	223	1.58%	229	1.63%
	低速载货汽车	216	0.83%	206	0.79%	204	0.78%	210	0.81%

单元一 风险与汽车保险险种

(续)

营业用车与特种车		机动车损失保险							
		2年以下		2～3年		3～4年		4年以上	
		基础保费/元	费率	基础保费/元	费率	基础保费/元	费率	基础保费/元	费率
出租、租赁营业客车	6座以下	692	1.73%	685	1.71%	678	1.69%	692	1.73%
	6～10座	826	1.68%	817	1.67%	809	1.65%	826	1.68%
	10～20座	804	1.45%	796	1.43%	788	1.42%	804	1.45%
	20～36座	766	1.49%	758	1.48%	751	1.46%	766	1.49%
	36座以上	2066	1.49%	2045	1.48%	2025	1.46%	2066	1.49%
城市公交营业客车	6～10座	706	1.39%	699	1.38%	692	1.36%	706	1.39%
	10～20座	688	1.20%	681	1.19%	674	1.17%	688	1.20%
	20～36座	657	1.23%	650	1.22%	644	1.21%	657	1.23%
	36座以上	1744	1.23%	1726	1.22%	1709	1.21%	1744	1.23%
公路客运营业客车	6～10座	795	1.61%	787	1.60%	779	1.58%	795	1.61%
	10～20座	774	1.39%	767	1.37%	759	1.36%	774	1.39%
	20～36座	738	1.43%	731	1.41%	724	1.40%	738	1.43%
	36座以上	1986	1.43%	1967	1.41%	1947	1.40%	1986	1.43%
营业货车	2t以下	1091	2.58%	1080	2.56%	1069	2.53%	1091	2.58%
	2～5t	1372	2.76%	1358	2.73%	1344	2.71%	1372	2.76%
	5～10t	1636	2.84%	1620	2.81%	1604	2.78%	1636	2.84%
	10吨以上	2688	3.31%	2661	3.27%	2634	3.24%	2688	3.31%
	低速载货汽车	927	2.20%	918	2.17%	909	2.15%	927	2.20%
特种车	特种车型一	1372	2.76%	1358	2.73%	1344	2.71%	1372	2.76%
	特种车型二	414	0.77%	410	0.76%	406	0.75%	414	0.77%
	特种车型三	358	0.67%	354	0.66%	351	0.66%	358	0.67%
	特种车型四	908	1.70%	899	1.68%	890	1.67%	908	1.70%

(四) 车损险的主要保险责任

1. 意外事故

(1) 碰撞　车损险中的碰撞是指机动车辆（包括装载物）与外界物体意外撞击。车辆的内部碰撞不属于汽车保险中的碰撞。由车辆内部撞击而引起的车辆损失，车损险负责赔偿。

(2) 倾覆　车损险的倾覆是指机动车辆翻倒（两轮以上离地，车体触地）。

(3) 坠落　车损险中的坠落是指机动车辆在行驶中因发生意外事故，整车腾空后着地所造成的本身损失。而仅由于颠簸造成车辆损失的，不属于坠落。

(4) 火灾、爆炸　车损险中的火灾、爆炸是指车辆以外的火源和爆炸源导致的机动车辆的燃烧和爆炸。由于车辆的自燃、发动机爆炸和轮胎爆胎裂等引起的火灾，车损险不负责赔偿。

（5）外界物体坠落、倒坍　由于外界物体如树木、建筑物等坠落导致的机动车辆的损失，保险公司负责赔偿。

2. 自然灾害

（1）暴风、龙卷风　暴风是指11级（风速达28.5m/s）大风以上，龙卷风是指平均最大风速达79m/s以上。

（2）雷击、雹灾、暴雨、洪水、海啸　暴雨是指降雨量每小时大于16mm，或连续12h降雨量达30mm以上。

（3）地陷、冰陷、崖崩、雪崩、泥石流、滑坡　冰陷只负责赔偿机动车辆在公安交通管理部门允许车辆行驶的冰面上行使导致的损失。

（4）承载保险车辆的渡船遭受自然灾害导致的被保险车辆的损失（只限于驾驶员随船的情形），保险人负责赔偿。

3. 车辆发生事故时，必要的、合理的施救费用

施救费用应是直接的、必要的，并符合国家有关政策规定。施救费用不仅包括对保险车辆本身进行抢救和保护所发生的费用，还包括向第三者进行追偿所发生的协商与诉讼费用。

（五）车损险的责任免除

（1）不可抗力导致的车辆损失，保险公司不负责赔偿

1）地震。

2）战争、军事冲突、恐怖活动、暴乱。

3）扣押、收缴、没收、政府征用。（A款）

（2）车辆自身原因导致的车辆损失，保险公司不负责赔偿

1）自然磨损、朽蚀、腐蚀、故障、车轮单独损坏。（A款）

注意：B款将由于车辆的电气机械故障导致的车辆损失作为保险公司的责任免除事项。C款将由于车辆本身质量缺陷导致的车辆损失作为保险公司的责任免除事项。

2）无明显碰撞的车身划痕。

3）自燃造成。

4）不明原因的火灾造成。

5）标准配置以外新增设备的损失。

6）因污染（含放射性污染）造成的损失。

7）因市场价格变动造成的贬值、修理后价值降低引起的损失。

（3）由于驾驶员原因导致的车辆损失，保险公司不负责赔偿

1）无有效驾照。

2）事故发生时的驾驶员为非被保险人允许的合格驾驶员。

3）车辆不具备有效的行驶证或号牌。

4）人工直接供油，高温烘烤造成的损失。

5）机动车辆转让后，车险保单未办理批改手续。

6）因被保险人或驾驶员的故意行为造成的车辆损失。

7）酒后（吸毒、麻醉后）驾车造成的车辆损失。

8）车辆被盗抢及被盗抢期间受到的损失。

9）车辆在竞赛、测试及保养修理期间的损失。

10）车辆遭受保险责任范围内的损失后，未经必要修理继续使用，致使损失扩大的部分。

（六）车损险的赔偿处理

1. 车损险有关免赔规定

1）负次要事故责任（30%）的免赔率为5%；负同等事故责任（50%）的免赔率为8%；负主要事故责任（70%）的免赔率为10%；负全部事故责任或单方肇事事故（100%）的免赔率为15%。

2）被保险机动车的损失应当由第三方负责赔偿的，无法找到第三方时，免赔率为30%。

3）被保险人根据有关法律法规规定选择自行协商方式处理交通事故，不能证明事故原因的，免赔率为20%。

4）投保时指定驾驶人，保险事故发生时为非指定驾驶人使用被保险机动车的，增加免赔率10%。

5）投保时约定行驶区域，保险事故发生在约定行驶区域以外的，增加免赔率10%。

2. 车损险赔偿计算公式

1）按投保时被保险机动车的新车购置价确定保险金额的：

① 发生全部损失时，在保险金额内计算赔偿，保险金额高于保险事故发生时被保险机动车实际价值的，按保险事故发生时被保险机动车的实际价值计算赔偿。保险事故发生时被保险机动车的实际价值根据保险事故发生时的新车购置价减去折旧金额后的价格确定。保险事故发生时的新车购置价根据保险事故发生时保险合同签订地同类型新车的市场销售价格（含车辆购置税）确定，无同类型新车市场销售价格的，由被保险人与保险人协商确定。折旧金额=保险事故发生时的新车购置价×被保险机动车已使用月数×月折旧率。

② 发生部分损失时，按核定修理费用计算赔偿，但不得超过保险事故发生时被保险机动车的实际价值。

2）按投保时被保险机动车的实际价值确定保险金额或协商确定保险金额的：

① 发生全部损失时，保险金额高于保险事故发生时被保险机动车实际价值的，以保险事故发生时被保险机动车的实际价值计算赔偿；保险金额等于或低于保险事故发生时被保险机动车实际价值的，按保险金额计算赔偿。

② 发生部分损失时，按保险金额与投保时被保险机动车的新车购置价的比例计算赔偿，但不得超过保险事故发生时被保险机动车的实际价值。

3）施救费用的赔偿计算。

施救费用的赔偿计算方式同车损险，在被保险机动车损失赔偿金额以外另行计算，最高不超过保险金额的数额。

被施救的财产中，含有本保险合同未承保财产的，按被保险机动车与被施救财产价值的比例分摊施救费用。

案例解读

某县城关车队一保险车辆（该车投保了机动车辆车损险、第三者责任险，总保险金额

为 45000 元）在山西省大宁县境内被三名持刀罪犯抢劫。案发后，在县公安处统一部署下，在另一县境内发现被劫车辆，警察奋力追击堵截。罪犯发现被追捕后，撞坏公安局执行任务的吉普车，惊慌逃窜时，驾车坠入 20m 高的大桥下，车损人亡。后经核实，此案损失如下：车辆直接损失 27449 元（含翻车前罪犯拆卖 3 条轮胎）；执行追捕任务吉普车损失 625 元；租用车辆费用（公安局破案用车）1000 元；大桥的栏杆损失 700 元；吊、拖车费用 700 元。问此案如何赔付？

 **法理分析**

本案损失构成复杂，大致可分为三个组成部分：第一部分为保险车辆的损失，即轮胎失窃和翻车后造成的损失；第二部分为第三者（罪犯）造成的非保险车辆损失，即大桥的损失，被罪犯撞坏的车辆损失；第三部分为施救费用，即租车费用，吊、拖车费用。三个组成部分性质各异，依据相关保险理论和法律知识，第一部分损失属车损险保障的损失，保险公司应予赔付；第二部分损失属第三者责任险保障的损失，保险公司也应给予赔付，但依法取得对第三者的追偿权；第三部分费用保险公司应适当补偿，补偿以全部赔付金额且以不超过总保险金额为限。

理由是，第一，《机动车辆保险条款》规定全车失窃后造成的车辆损失视为车损险给予赔付。此案中的轮胎丢失和翻入大桥下造成的保险车辆的损失是全车失窃后造成的，保险公司给予赔付。第二，《机动车辆保险条款》还规定："保险车辆发生损失或经济赔偿责任，应由第三者负责赔偿的被保险人应当向第三者要求赔偿。如果被保险人提出要求，保险人也可以按照本条款的有关规定先予赔偿。但被保险人必须将向第三者追偿权利转让给保险人，并协助保险人向第三者追偿"。本案中，大桥的损失和吉普车的损失是第三者（罪犯）造成的，该车投保了机动车辆第三者责任险，依此条款，车主有权向保险公司申请此项损失的赔付。保险公司应在核定损失的基础上给予及时赔付。同时，被保险人应当把向第三者追偿经济损失的权益转让给保险公司，并协助保险公司向第三方追偿，追偿的所得归保险公司所有。第三，施救费用是保险车辆受到损失或为了减少损失而采取的积极补救措施所需的费用，本案中的租车费，吊、拖车费属施救费用。关于施救费用的赔付处理，《保险法》规定："保险事故发生后，被保险人为防止或者减少保险标的损失所支付的必要的、合理的费用，由保险人承担；保险人所承担的数额在保险标的损失赔偿金额以外另行计算，最高不超过保险金额的数额。"因此，保险公司对第三部分费用应进行适当补偿。

四、商业第三者责任险

（一）商业第三者责任险的概念

保险期间内，被保险人或其允许的合法驾驶人在使用被保险机动车过程中发生意外事故，致使第三者遭受人身伤亡或财产直接损毁，依法应当由被保险人承担的损害赔偿责任，保险人依照本保险合同的约定，对于超过机动车交通事故责任强制保险各分项赔偿限额以上的部分负责赔偿。

从商业第三者责任险的概念得知，商业第三者责任险赔偿强调车辆必须满足以下条件：

1）驾驶员必须是被保险人或其允许的合格驾驶员；
2）出事故时，保险车辆处于使用过程中；
3）事故由意外引起；
4）事故造成了第三者的人身或财产直接损失；
5）第三者的人身或财产直接损失由被保险人承担。

（二）第三者定义解读

商业第三者责任险的赔偿对象是第三者，那么什么人才是"第三者"呢，这是商业第三者责任险必须要解决的首要问题。

机动车辆保险 A、B、C 条款对商业第三者责任险的"第三者"的定义有区别。机动车辆保险 A、B 条款的商三险的第三者不包括被保险人的家庭成员。机动车辆保险 C 条款的商三险的第三者则包括被保险人的家庭成员。

（三）商业第三者责任险的保险金额

商业第三者责任险每次事故赔偿限额分以下八档，由投保人与保险公司在签订保险合同时协商确定，并在保险单上载明：5 万元、10 万元、15 万元、20 万元、30 万元、50 万元、100 万元和 100 万元以上，且最高不超过 5000 万元。

（四）商业第三者责任险的保险费

商三险的保险费由保监会统一制定，各个省、市有区别。下表 1-1-9 是 A 款商业第三者责任险上海市汽车部分的保险费。

表 1-1-9　A 款商业第三者责任险上海市汽车部分的保险费　　（单位：元）

家庭自用汽车与非营业用车		第三者责任保险						
		5 万	10 万	15 万	20 万	30 万	50 万	100 万
家庭自用汽车	6 座以下	692	968	1093	1176	1314	1561	2034
	6~10 座	625	875	987	1062	1187	1410	1836
	10 座以上	625	875	987	1062	1187	1410	1836
企业非营业客车	6 座以下	671	939	1060	1140	1274	1514	1972
	6~10 座	608	852	961	1034	1156	1373	1788
	10~20 座	725	1015	1145	1232	1377	1637	2131
	20 座以上	973	1362	1537	1654	1848	2197	2860
党政机关、事业团体非营业客车	6 座以下	530	742	837	901	1007	1196	1558
	6~10 座	560	784	884	952	1063	1263	1645
	10~20 座	501	701	791	851	951	1130	1471
	20 座以上	659	922	1040	1120	1251	1487	1936
非营业货车	2 吨以下	915	1282	1446	1556	1739	2066	2692
	2~5 吨	1310	1833	2069	2226	2488	2956	3850
	5~10 吨	1448	2027	2287	2461	2751	3269	4256
	10 吨以上	1794	2512	2835	3050	3409	4051	5275
	低速载货汽车	778	1089	1229	1323	1478	1757	2287

（续）

营业用车与特种车		第三者责任保险						
		5万	10万	15万	20万	30万	50万	100万
出租、租赁营业客车	6座以下	1805	2708	3140	3428	3970	5022	6606
	6～10座	1096	1644	1907	2083	2411	3050	4012
	10～20座	2495	3744	4343	4742	5491	6945	9134
	20～36座	3389	5085	5897	6440	7458	9432	12406
	36座以上	3661	5491	6369	6955	8054	10186	13398
城市公交营业客车	6～10座	1185	1778	2062	2252	2607	3297	4337
	10～20座	2461	3691	4281	4675	5413	6846	9006
	20～36座	2261	3392	3934	4296	4975	6292	8276
	36座以上	2237	3356	3892	4250	4921	6224	8186
公路客运营业客车	6～10座	1057	1584	1838	2008	2324	2939	3866
	10～20座	2508	3762	4364	4766	5517	6979	9180
	20～36座	3736	5604	6500	7098	8219	10395	13672
	36座以上	4838	7257	8418	9192	10643	13461	17705
营业货车	2吨以下	1448	2244	2635	2896	3403	4257	5560
	2～5吨	2409	3733	4383	4817	5660	7081	9248
	5～10吨	2662	4126	4844	5323	6256	7826	10221
	10吨以上	3957	6132	7200	7912	9297	11631	15192
	低速载货汽车	1231	1908	2240	2462	2892	3619	4726
特种车	特种车型一	3957	6132	7200	7912	9297	11631	15192
	特种车型二	2379	3043	3431	3787	4581	5988	8826
	特种车型三	1185	1500	1685	1853	2231	2903	4254
	特种车型四	3759	5826	6840	7912	9762	12212	15952

（五）商业第三者责任险的责任免除

被保险机动车造成下列人身伤亡或财产损失，不论在法律上是否应当由被保险人承担赔偿责任，保险人均不负责赔偿：

1）被保险机动车本车上其他人员的人身伤亡或财产损失；

2）地震；

3）战争、军事冲突、恐怖活动、暴乱、扣押、收缴、没收、政府征用；

4）竞赛、测试、教练，营业性维修、养护场所修理、养护期间；

5）利用被保险机动车从事违法活动；

6）驾驶人饮酒、吸食或注射毒品，被药物麻醉后使用被保险机动车；

7）驾驶人原因，如无驾驶证或驾驶证有效期已届满，驾驶的被保险机动车与驾驶证载明的准驾车型不符等。

8）依照法律法规或公安机关交通管理部门有关规定不允许驾驶被保险机动车的其他情况下驾车。

（六）商业第三者责任险的赔偿处理

1. 商业第三者责任险有关免赔率规定

机动车辆保险条款规定，保险人在依据本保险合同约定计算赔款的基础上，在保险单载明的责任限额内，按下列免赔率免赔：

1）负次要事故责任（30%）的免赔率为5%，负同等事故责任（50%）的免赔率为10%，负主要事故责任（70%）的免赔率为15%，负全部事故责任（100%）的免赔率为20%。

2）违反安全装载规定的，增加免赔率10%。

3）投保时指定驾驶人，保险事故发生时为非指定驾驶人使用被保险机动车的，增加免赔率10%。

4）投保时约定行驶区域，保险事故发生在约定行驶区域以外的，增加免赔率10%。

2. 商业第三者责任险不负责赔偿的损失和费用

1）被保险机动车发生意外事故，致使第三者停业、停驶、停电、停水、停气、停产、通信或者网络中断、数据丢失、电压变化等造成的损失以及其他各种间接损失；

2）精神损害赔偿；

3）因污染（含放射性污染）造成的损失；

4）第三者财产因市场价格变动造成的贬值、修理后价值降低引起的损失；

5）被保险机动车被盗窃、抢劫、抢夺期间造成第三者人身伤亡或财产损失；

6）被保险人或驾驶人的故意行为造成的损失；

7）仲裁或者诉讼费用以及其他相关费用。

案例解读

被保险人被自己的车轧死，保险公司是否应该承担赔偿责任？

2006年10月17日，王某将其所有的×C33645号小货车向保险公司投保了机动车交通事故责任强制保险、商业第三者责任险、车上人员责任险等险种。其中商业三责险保额为20万元，车上人员座位险每个座位保额为4万元。保险期限为2006年10月18日至2007年10月17日。王某当天便向保险公司一次性交清了保险费6343.68元。保险公司向王某提供了交强险标志，交强险保单正本和交强险保费收据以及商业险的保费收据和保险单正本，但保险公司未向王某提供商业险的保险条款。

2007年2月16日，王某驾驶×C33645号小货车行至一施工区下坡路时，王某停车后下车小便。突然一辆车速很快的货车从旁边开过，振动正在修建的不平路面，使王某的车向下滑行。为了阻止车辆滑行造成事故，王某便去抱石头阻止车辆继续滑行，不慎被该车压在车轮下当场死亡。货车车主立即向当地交警部门和保险公司报了案。当地交警部门勘察了事故现场，并于2007年3月3日出具了该案的事故责任认定书，认定王某在该次交通事故中负全部责任。保险公司接报案后未到现场查勘。死者家属得到交警部门的事故责任认定书后向保险公司提出了索赔申请。2007年5月，保险公司答复死者家属说该案不属于赔付范围，并于5月15日出具了拒赔通知书。

死者家属不能接受保险公司的拒赔理由，向人民法院提起诉讼，提出王某的死亡属于交

通事故责任强制保险、商业第三者责任险的保险范围，请求法院判令保险公司履行交强险、商业第三者责任险保险合同，赔偿原告250000元，并判令原告赔礼道歉。

 **法理分析**

法院受理此案后，进行了开庭审理。庭审过程中，原告代理人提出，在王某投保过程中，保险公司连商业险的保险条款都未给被保险人，被告未要求王某在商业险投保单上签字，王某也未曾在商业险投保单上签字。因被告未履行《保险法》第十三条、第十七条、第十八条以及《合同法》第三十九条的有关规定，被告提供的商业险条款中的免责条款和限制性条款对被保险人或投保人不产生效力。而且，原告诉称，王某在该次交通事故中的死亡原因显然不是故意自杀，而是在保险车辆出险时采取的一种紧急避险措施。

被告辩称，死者王某在保险合同中既是被保险人同时又是驾驶员，不是第三者，因此不能在商业三责险和交强险范围内予以赔偿。王某作为驾驶员，在发生的交通事故中死亡，属车上人员座位险的除外责任，因此，也不能在车上人员座位险保险责任内予以赔偿。

法院审理后认为，在本案的交通事故中，王某既是受害人，也是唯一的责任人，王某不对任何人负民事赔偿责任，也没有任何人对王某负民事赔偿责任。由于责任保险是指以被保险人对第三者依法应负的赔偿责任为保险标的的保险，王某作为保险单上记明的被保险人，在交通事故中并无对第三者依法应负的赔偿责任，而且交通事故强制保险将被保险人排除在保险责任范围之外，王某的死亡不属于交通事故责任强制保险和商业第三者责任保险的保险责任范围。被告无需承担保险赔偿责任，原告请求赔礼道歉更是于法无据。

原告称被告对责任免除条款未明确说明，该条款应当不生效。法院认为，责任免除条款是指保险合同当事人事先约定，由于特定事由、情形的出现和存在，导致保险公司得以免除本应承担的保险责任的条款。本案中王某的死亡本就不属于保险责任，自然不存在保险公司对本应承担的保险责任予以免除的问题。

2007年7月11日，人民法院对此案做出一审判决，驳回了原告的诉讼请求，案件的受理费2525元，由原告承担。

五、全车盗抢险

07版机动车辆保险A、B、C条款在全车盗抢险是否为主险和附加险有区别。机动车辆保险C款将全车盗抢险列为主险，07版机动车辆保险A款和B款没有规定全车盗抢险是主险，保险公司可自主决定是否将全车盗抢险作为主险。将车上全车盗抢险列为附加险的保险公司，车主必须投保车损险后方可投保全车盗抢险。

（一）全车盗抢险的概念

全车盗抢险是指保险公司负责赔偿被保险车辆全车遭盗抢后导致的车辆损失。

全车盗抢险的赔偿对象是整车遭盗抢，而非车辆的零部件损失，但是，机动车辆遭盗抢后被找回时，如果被保险车辆的零部件、附属设备受到损坏，则保险公司负责赔偿零部件、附属设备损失所需修复的费用。

（二）全车盗抢险的保险金额

全车盗抢险的保险金额由投保人和保险人在投保时被保险机动车的实际价值内协商确定。

被保险车辆的实际价值是指新车购置价减去折旧金额后的价格。

被保险车辆的新车购置价是指在保险合同签订地购置与被保险机动车同类型新车的价格（含车辆购置税）。

投保时被保险机动车的实际价值根据投保时的新车购置价减去折旧金额后的价格确定。

折旧按月计算，不足一个月的部分，不计折旧。最高折旧金额不超过投保时被保险机动车新车购置价的 80%。

折旧金额 = 投保时的新车购置价 × 被保险机动车已使用月数 × 月折旧率（表 1-1-10、表 1-1-11、表 1-1-12 分别为 07 机动车辆 A、B、C 款折旧率表）。

投保时的新车购置价根据投保时保险合同签订地同类型新车的市场销售价格（含车辆购置税）确定，并在保险单中载明，无同类型新车市场销售价格的，由投保人与保险人协商确定。

表 1-1-10　07 机动车辆 A 款折旧率表

车辆种类	月折旧率				
	家庭自用	非营业	营业		特种车
			出租	其他	
9 座以下客车	0.60%	0.60%	1.10%	0.90%	—
10 座以上客车	0.90%	0.90%	1.10%	0.90%	—
微型载货汽车	—	0.90%	1.10%	1.10%	—
带拖挂的载货汽车	—	0.90%	1.10%	1.10%	—
低速货车和三轮汽车	—	1.10%	1.40%	1.40%	—
矿山专用车	—	—	—	—	1.10%
其他车辆	—	0.90%	1.10%	0.90%	0.90%

表 1-1-11　07 机动车辆 B 款折旧率表

车辆种类	月折旧率
9 座（含 9 座）以下非营运载客汽车（包括轿车、含越野型）	6‰
出租汽车与大于 6t 载货汽车、矿山作业专用车	12‰
其他类型车辆	9‰

表 1-1-12　07 机动车辆 C 款折旧率表

车辆种类	月折旧率
9 座及 9 座以下非营运客车（含越野车）	6‰
出租车、轻微型载货汽车、矿山作业用车、带拖挂的载货汽车	12‰
其他类型车辆	9‰

（三）全车盗抢险的保险费

下面以 A 款为例来说明全车盗抢险的保险费的计算方式。

全车盗抢险的保费 = 基础保费 + 保险金额 × 费率（A 款）

保费 = （固定保费 + 保险金额 × 费率）× $C_1 \times C_2 \times \cdots\cdots C_n$（$C_n$ 代表费率影响因子）

全车盗抢险实行的是差别化费率，全国各省市的费率不同，表 1-1-13 是上海市部分车辆的全车盗抢险费率。

表 1-1-13　上海市部分车辆的全车盗抢险费率（6 座以下家庭自用车）

盗抢险	基础保费	费率
A、B 款	120 元	0.41%
C 款	120 元	0.42%

（四）全车盗抢险的赔偿处理

1. 全车盗抢险的保险责任

保险期间内，被保险机动车的下列损失和费用，保险人依照本保险合同的约定负责赔偿：

1）被保险机动车被盗窃、抢劫、抢夺，经出险当地县级以上公安刑侦部门立案证明，满 60 天未查明下落的全车损失。

2）被保险机动车全车被盗窃、抢劫、抢夺后，受到损坏或车上零部件、附属设备丢失需要修复的合理费用。

3）被保险机动车在被抢劫、抢夺过程中，受到损坏需要修复的合理费用。

2. 全车盗抢险的责任免除

下列情况下，不论任何原因造成被保险机动车损失，保险人均不负责赔偿：

1）地震。

2）战争、军事冲突、恐怖活动、暴乱、扣押、收缴、没收、政府征用。

3）竞赛、测试、教练，营业性维修、养护场所修理、养护期间。

4）利用被保险机动车从事违法活动。

5）驾驶人饮酒、吸食或注射毒品、被药物麻醉后使用被保险机动车。

6）非被保险人允许的驾驶人使用被保险机动车。

7）租赁机动车与承租人同时失踪。

8）被保险机动车转让他人，未向保险人办理批改手续。

9）除另有约定外，发生保险事故时被保险机动车无公安机关交通管理部门核发的行驶证或号牌，或未按规定检验或检验不合格。

10）被保险人索赔时，未能提供机动车停驶手续或出险当地县级以上公安刑侦部门出具的盗抢立案证明。

3. 全车盗抢险的有关免赔规定

全车盗抢险所涉及的免赔率主要为：

1）发生全车损失的，免赔率为 20%。

2）发生全车损失，被保险人未能提供"机动车行驶证"、"机动车登记证书"、"机动车来历凭证"、"车辆购置税完税证明"（车辆购置附加费缴费证明）或"免税证明"的，每缺少一项，增加免赔率1%。

3）投保时指定驾驶人，保险事故发生时为非指定驾驶人使用被保险机动车的，增加免赔率5%。

4）投保时约定行驶区域，保险事故发生在约定行驶区域以外的，增加免赔率10%。

4. 全车盗抢险不负责赔偿的损失和费用

被保险机动车的下列损失和费用，全车盗抢险不负责赔偿：

1）自然磨损、朽蚀、腐蚀、故障。

2）遭受保险责任范围内的损失后，未经必要修理继续使用被保险机动车，致使损失扩大的部分。

3）市场价格变动造成的贬值、修理后价值降低引起的损失。

4）标准配置以外新增设备的损失。

5）非全车遭盗窃，仅车上零部件或附属设备被盗窃或损坏。

6）被保险机动车被诈骗造成的损失。

7）被保险人因民事、经济纠纷而导致被保险机动车被抢劫、抢夺。

8）被保险人及其家庭成员、被保险人允许的驾驶人的故意行为或违法行为造成的损失。

9）被保险机动车被盗窃、抢劫、抢夺期间造成人身伤亡或本车以外的财产损失，保险人不负责赔偿。

案例解读

周某为一个体运输户，将其自有用于运营的一辆解放牌大货车向当地保险公司投保了车损险、第三者责任险的附加全车盗抢险。某天，两个陌生人称自己有货物在外地，需要雇车运回来，周某便答应驾车前往。行驶途中，雇车人提出停车休息，并请周某喝饮料。周某喝下放有麻醉药品的饮料后，昏睡过去，醒来时发现雇主和车辆踪影全无。周某急忙向公安部门报案，并向保险公司提出索赔请求。请分析保险公司是否应该按照全车盗抢险赔偿周某的车辆损失？

法理分析

根据机动车辆保险条款全车盗抢险的规定，全车盗抢险主要承担的是整车被盗窃、被抢劫、被抢夺造成的车辆灭失的风险。对于将司机麻醉后将车辆开走后应如何定性，则应当根据我国《刑法》的有关规定来确定。我国《刑法》在对抢劫罪的规定中，将抢劫罪规定为"以暴力、胁迫或者其他方法抢劫公私财物"的行为。在司法实践中，人民法院通常将用麻醉方法侵占公私财物的行为视为《刑法》中规定的抢劫行为，对犯罪分子以抢劫罪进行定罪量刑。因此，本案中保险车辆灭失的原因应为被抢劫，属于全车盗抢险的保险责任范围，保险人应当承担赔偿责任。

六、车上人员责任险

07版机动车辆保险A、B、C条款在车上人员责任险是否为主险和附加险有区别。机动

车辆保险 C 款将车上人员责任险列为主险，07 版机动车辆保险 A 款和 B 款没有规定车上人员责任险是主险，保险公司可自主决定是否将车上人员责任险作为主险。将车上人员责任险列为附加险的保险公司，车主必须投保商三险后方可投保车上人员责任险。

（一）车上人员责任险的概念

保险机动车在被保险人或其允许的合法驾驶人使用过程中发生意外事故，致使车上人员遭受人身伤害，对被保险人依法应支付的赔偿金额，保险人在扣除机动车交通事故责任强制保险应当支付的赔款后，依照本保险合同的约定给予赔偿。

车上人员责任险的赔偿对象是车上人员。车上人员责任险的车上人员是指发生意外事故的瞬间，在符合国家有关法律法规允许搭乘人员的保险机动车车体内或车体上的人员。

07 版机动车辆保险 A、B、C 条款在车上人员的界定上存在区别。A、B 条款车上人员责任险的车上人员不包括正在上下车的人，而 C 条款则包括正在上下车的人。

（二）车上人员责任险保险金额的确定方式

车上人员责任险保险金额的确定方式主要有以下两种，投保人在投保时可选择以下任意一种方式投保，或选择同时投保。

1）按驾驶人座位投保；
2）按核定乘客座位数投保。

投保人可分别约定两种方式的每次事故每座赔偿限额，赔偿限额由投保人和保险人在签订保险合同时按照经中国保险监督管理委员会批准的机动车辆保险费率方案协商确定。保险人根据保险单载明的每次事故每座赔偿限额承担相应的赔偿责任。

（三）车上人员责任险的保费

车上人员责任险的保费 = 驾驶人保费 + 乘客保费

驾驶人保费 = 驾驶人每次事故责任限额 × 费率

乘客保费 = 乘客每次事故每人责任限额 × 费率 × 投保乘客座位数。

车上人员责任险实行的是差别化的保险费率，表 1-1-14 是上海市部分车辆的车上人员责任险的费率。

表 1-1-14　上海市部分车辆的车上人员责任险费率（6 座以下家庭自用车）

	驾　驶　人	乘　　客
A 款	0.42%	0.27%
B 款	0.42%	0.27%
C 款	0.42%	0.27%

（四）车上人员责任险的赔偿处理

1. 车上人员责任险的免赔率规定

保险人在计算车上人员责任险的赔款时，在保险单载明的责任限额内，按下列免赔率免赔：

1）负次要事故责任（30%）的免赔率为 5%，负同等事故责任（50%）的免赔率为 8%，负主要事故责任（70%）的免赔率为 10%，负全部事故责任或单方肇事事故（100%）的免赔率为 15%；

2）投保时指定驾驶人，保险事故发生时为非指定驾驶人使用被保险机动车的，增加免赔率10%；

3）投保时约定行驶区域，保险事故发生在约定行驶区域以外的，增加免赔率10%。

2. 车上人员责任险的责任免除

机动车辆保险条款规定，下列人身伤亡或者损失，不论在法律上是否应当由被保险人承担赔偿责任，保险人均不负责赔偿：

1）被保险人或驾驶人的故意行为造成的人身伤亡；
2）被保险人及驾驶人以外的其他车上人员的故意、重大过失行为造成的自身伤亡；
3）违法、违章搭乘人员的人身伤亡；
4）车上人员因疾病、分娩、自残、斗殴、自杀、犯罪行为造成的自身伤亡；
5）车上人员在被保险机动车车下时遭受的人身伤亡；
6）精神损害赔偿；
7）因污染（含放射性污染）造成的人身伤亡；
8）仲裁或者诉讼费用以及其他相关费用。

七、汽车保险的主要附加险

（一）玻璃单独破碎险

1. 玻璃单独破碎险的投保方式

2007年4月1日机动车辆保险A、B、C条款实施后，玻璃单独破碎险条款内容全国统一，但A、B、C款略有差异。玻璃单独破碎险作为车损险附加险，车主只有在投保了车损险后方可投保。

投保人与保险人可协商选择按进口或国产玻璃投保。保险人根据协商选择的投保方式承担相应的赔偿责任。

$$玻璃单独破碎险保费 = 新车购置价 \times 费率$$

玻璃单独破碎险的基准费率分为国产玻璃费率和进口玻璃费率，分别为0.19%和0.31%。

2. 玻璃单独破碎险的保险责任

玻璃单独破碎险无免赔额，被保险车辆玻璃单独损坏后，保险公司按国产或进口玻璃的重置价赔偿。

机动车辆保险A款的玻璃单独破碎险负责赔偿车辆前后风窗玻璃或车窗玻璃的单独破碎，不负责赔偿天窗玻璃、倒车镜、车灯、仪表玻璃的损失。

机动车辆保险B款负责赔偿车辆在使用过程中，本车风窗玻璃或车窗玻璃的单独破碎损失，不负责赔偿倒车镜、车灯、仪表玻璃的损失。

机动车辆保险C款负责赔偿由被保险人或其允许的合格驾驶人在使用车辆过程中，除车窗玻璃外的本车玻璃单独破碎。

3. 玻璃单独破碎险的责任免除

1）安装、维修车辆过程中造成的玻璃单独破碎；
2）不属于保险责任范围内的损失和费用。

（二）车身划痕险

车身划痕险是车损险的附加险，投保了机动车损失保险的机动车，可投保车身划痕险。

1. 车身划痕险的保险金额

车身划痕险的保险金额有 2000 元、5000 元、10000 元或 20000 元几个档次，由投保人和保险人在投保时协商确定。

2. 车身划痕险的保险费

车身划痕险实行差别化的保险费，机动车辆保险 A、B、C 条款的车身划痕险保费也略有差异。以北京市的车身划痕费率来说明车身划痕险的费率差别。表 1-1-15、表 1-1-16、表 1-1-17 分别为机动车辆保险 A、B、C 条款车身划痕险的费率表。

表 1-1-15　机动车辆保险 A 款北京市车身划痕险的保险费　　（单位：元）

车　龄	保　额	车身划痕损失险		
		新车购置价		
		30 万以下	30～50 万	50 万以上
2 年以下	2000	400	585	850
	5000	570	900	1100
	10000	760	1170	1500
	20000	1140	1780	2250
2 年及以上	2000	610	900	1100
	5000	850	1350	1500
	10000	1300	1800	2000
	20000	1900	2600	3000

表 1-1-16　机动车辆保险 B 款全国版车身划痕险的保险费　　（单元：元）

新车购置价	车龄 \ 限额	2000	5000	10000	20000
30 万元以下	2 年以下	400	570	760	1140
	2 年及以上	610	850	1300	1900
30 万至 50 万元	2 年以下	585	900	1170	1780
	2 年及以上	900	1350	1800	2600
50 万元及以上	2 年以下	850	1100	1500	2250
	2 年及以上	1100	1500	2000	3000

表 1-1-17　机动车辆保险 C 款北京市版车身划痕险的保险费　　（单位：元）

新车购置价	车龄 保额	车身油漆单独损伤险的固定保费	
		车龄＜2 年	车龄≥2 年
30 万元以下	2000	400	610
	5000	570	850
	10000	760	1300
	20000	1140	1900

（续）

车身油漆单独损伤险的固定保费

新车购置价	车龄保额	车龄<2年	车龄≥2年
30万至50万元	2000	585	900
	5000	900	1350
	10000	1170	1800
	20000	1780	2600
50万元及以上	2000	850	1100
	5000	1100	1500
	10000	1500	2000
	20000	2250	3000

3. 车身划痕险的保险责任

无明显碰撞痕迹的车身划痕损失，保险人负责赔偿。

4. 车身划痕险的责任免除

被保险人及其家庭成员、驾驶人及其家庭成员的故意行为造成的损失。

5. 车身划痕险的赔偿处理

车身划痕险在保险金额内按实际修理费用计算赔偿，每次赔偿实行15%的免赔率。在保险期间内，累计赔款金额达到保险金额，车身划痕险的保险责任终止。

（三）可选免赔额特约条款

2007年4月1日起，可选免赔额特约险实行全国统一，但A、B、C款略有差异。可选免赔额特约条款是车损险的附加险，车主在投保了车损险后方可投保。保险人按投保人选择的免赔额给予相应的保险费优惠。

被保险机动车发生机动车损失保险合同约定的保险事故，保险人在按照机动车损失保险合同的约定计算赔款后，扣减本特约条款约定的免赔额。

1. 可选免赔额特约条款的免赔额

可选免赔额特约条款的免赔额有300元、500元、1000元、2000元四个档次。车主自行选择投保。

2. 保费优惠

约定免赔额后的车损险保费 = 车损险保费 × 费率折扣系数

机动车辆A、B、C款的可选免赔额特约条款保费不同，表1-1-18、表1-1-19分别为上海地区可选免赔额特约条款费率。

表1-1-18 上海地区可选免赔额特约条款费率（07-A款）　　（单位:%）

免赔额/元	新车购置价（元）					
	5万以下	5～10万	10～20万	20～30万	30～50万	50万以上
300	0.89	0.92	0.94	0.96	0.97	0.98
500	0.79	0.85	0.89	0.93	0.95	0.96
1000	0.68	0.74	0.84	0.88	0.90	0.93
2000	0.54	0.58	0.70	0.78	0.86	0.89

表 1-1-19　上海地区可选免赔额特约条款费率（07-B 款）　　　　　　（单位:%）

免赔额/元	新车购置价/元					
	5万以下	5~10万	10~20万	20~30万	30~50万	50万以上
300	0.89	0.92	0.94	0.96	0.97	0.98
500	0.79	0.85	0.89	0.93	0.95	0.96
1000	0.68	0.74	0.84	0.88	0.90	0.93
2000	0.54	0.58	0.70	0.78	0.86	0.89

课题四　汽车保险的投保

买到车以后，除了要给车上牌照以外，买保险也是非常重要的。一些缺乏保险知识的车主往往会遇到这样的矛盾：出事了，没买的险种得不到赔偿，买了的险种有时保险金不够赔偿；没出事，上那么多保险又感觉挺冤。那么，如何根据自己爱车的实际情况上保险，哪些保险该上，哪些不该上，该买哪家保险公司的车险呢？

对于很多对车险一无所知的车主来说，车险的投保是个让人头痛的事情。从车险投保的实务的角度来说，车险的投保流程如图 1-1-7 所示。

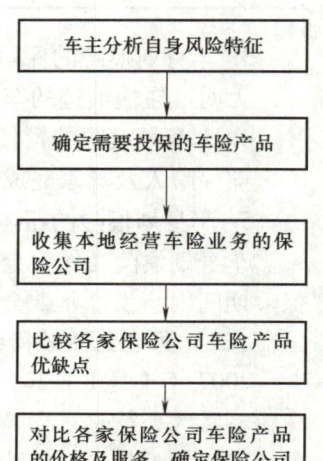

图 1-1-7　车险投保流程

一、选择车险产品

给车辆上保险是每一个车主都必须面对的问题，近年来，随着国内家庭轿车拥有量的增大，汽车保险的需求也是水涨船高。但是，高昂的商业保险终于使不少老车主"急流勇退"。为了节省汽车保险费，只买交强险不买商业保险的车主越来越多，有调查显示，三成以上的老车主不会续保商业保险，成为所谓的"裸险"一族。车主只买交强险是不可取的，应量体裁衣投保商业车险，没必要为了省小钱而冒大风险。有些车主呢，做法则相反，为自己的爱车上了所谓的全险，这样做也不可取，因为，有些险种即使买了也没有用，也是浪费。因此，为了做到花最少的钱买到最全面的车险保障，车主在购买车险时要从自身和车辆方面估算汽车出事故的概率，不要花冤枉钱。

车主在挑选车险产品时，要考虑以下两方面的因素：

1. 驾驶员风险因素

驾驶员的住址、性别、年龄与婚姻状况、健康状况、驾龄、违章情况等，这些因素会影响车子出事故的概率，也是保险公司确定保险费的重要依据。

（1）年龄　根据以往事故表明：24 岁以下青年人，年轻气盛，性情不稳，喜欢开快车，因而发生交通事故的概率较高，且易导致恶性事故；54 岁以上老年人，驾车速度较慢，但因反应相对迟钝，也易导致事故，但致命事故比例较小，一般为小事故；24 岁至 50 岁之间中年人，除生理条件具有一定的优势外，一般具有一定驾驶经验，分析和判断能力较强，同时，有稳健的心态和较强的责任感，所以，驾车相对安全。

（2）性别　交通肇事同性别有密切关系。整体情况是男性驾驶员发生重大事故概率较女性高。因为男性性别特征决定其更具冒险性，整体车速较快，另外，酗酒肇事事故中男性比例明显高于女性。

（3）驾龄　驾龄越长，出事故概率越小，反之，出事故概率越大。

（4）生活习惯　良好的生活习惯在一定程度上会减少交通事故发生的概率，反之，则导致交通事故的发生。

（5）驾驶员的婚姻状态　总体来说，已婚的车主出事故概率比未婚大。

（6）驾驶员的职业　职业不同，压力不同，总体来说，高危职业人群相对来说压力大，驾驶车辆时发生事故概率大。

2. 车辆风险因素

（1）汽车的使用性质　保险行业把车子的使用性质分为营业和非营业。车辆的使用性质会导致车辆的使用频率、行驶里程、耗损及车况不同，在车子的其他影响因素和驾驶员因素相同的情况下，营业性质的车辆比非营业性质的车辆所缴纳的保险费要多。

（2）汽车的车龄　汽车车龄越长，出事故概率越大，所缴纳的保险费越多。

（3）汽车的厂牌、型号　不同汽车制造商的汽车生产技术不同，制造的车辆在防盗、操纵稳定性、安全性等方面不同，而这些都将导致车辆出事故的概率不同。

（4）汽车的行使区域　大多数保险公司的车险投保单上的车辆行使路线主要有省内、国内、出入港澳和固定路线四种。行使路线不同，出事故概率不同，车主所缴纳的保险费也不一样。

总之，不管是驾驶员因素还是车辆本身因素，凡是与车辆出事故有关的因素都是保险公司在核保时首要考虑的，同时，也是车主在投保时必须考虑的因素，所以，车主在选择车险产品时，要从自身情况和车辆因素两方面考虑自己需要投保的车险产品，这样就能最大化地做到以最少的成本支出享受到最全的保障。

知识加油站

车主可以根据自己的经济实力与实际需求进行投保。以下是五个机动车辆保险方案，可以供车主投保时参考。

[最低保障型保险方案]

险种组合：第三者责任险。

保障范围：只对第三者的损失负赔偿责任。

适用对象：急于上牌照或通过年检的个人。

特点：只有最低保障，费用低。

优点：可以用来应付上牌照或检车。

缺点：一旦撞车或撞人，对方的损失能得到保险公司的一些赔偿，但自己车的损失只有自己负担。

[基本型保险方案]

险种组合：车辆损失险＋第三者责任险

保障范围：只投保基本险，不含任何附加险。

特点：费用适度，能够提供基本的保障。

适用对象：有一定经济压力的车主。

优点：必要性最高。

缺点：不是最佳组合，最好加入不计免赔特约险。

[经济型保险方案]

险种组合：车辆损失险+第三者责任险+不计免赔特约险+全车盗抢险

特点：投保四个最必要、最有价值的险种。

适用对象：是个人精打细算的最佳选择。

优点：投保最有价值的险种，保险性价比最高，人们最关心的丢失和100%赔付等大风险都有保障，保费不高但包含了比较实用的不计免赔特约险。

[最佳保障型保险方案]

险种组合：车辆损失险+第三者责任险+车上责任险+风窗玻璃险+不计免赔特约险+全车盗抢险

特点：在经济投保方案的基础上，加入了车上责任险和风窗玻璃险，使乘客及车辆易损部分得到安全保障。

适用对象：一般公司或个人

优点：投保价值大的险种，不花冤枉钱，物有所值。

[完全型保险方案]

险种组合：车辆损失险+第三者责任险+车上责任险+风窗玻璃险+不免赔特约险+新增加设备损失险+自燃损失险+全车盗抢险

特点：保全险，居安思危才有备无患。能保的险种全部投保，从容上路，不必担心交通所带来的种种风险。

适用对象：经济充裕的车主。

优点：几乎与汽车有关的全部事故损失都能得到赔偿。投保人不会因保某一个险种而得不到赔偿，也不承担投保决策失误的损失。

缺点：保全险保费高，某些险种出险的概率非常小。

二、选择保险公司

确定好需要购买的车险产品后，选择一个合适的保险公司投保很重要。车主怎样选择保险公司才是最明智的呢？目前保险市场上保险产品种类繁多，广大车主要慧眼分辨。选择一家服务好的保险公司也是保障车主权益的重要基础。投保时的选择不同，很可能导致理赔结果不同，所以一定要多看、多问、多听，再根据自己的实际情况做出选择。

（1）比服务，比时效，求质量 服务质量体现保险效益。目前办理汽车保险的公司很多，每个保险公司的价格和服务也各有不同。车险是无形的价值和责任体现，需要通过服务才能感觉到它是否真正存在，对车主来讲，购买车险不能只重价格，服务才是更重要的。

保险公司的服务质量高低直接决定了客户在理赔时获得的权益，所以咨询、预约、报案、投诉、救援和回访等多种服务项目质量的好坏也是选择保险公司时需要考虑的。很多客户投保时往往比较注重老牌公司，而根据市场情况显示，许多新兴公司较传统公司往往更注重品牌建设与服务品质。

其次，要关注保险公司与客户沟通的渠道是否畅通、简便，是否能提供增值服务。保险公司对客户的服务承诺，既是自身实力的体现，又是对客户的回报。

单元一 风险与汽车保险险种

（2）要尽量选择网络完善、服务体系完整的公司 现在经营车险产品的保险公司多如牛毛，在这种情况下如何做出选择呢？是选择小保险公司还是大保险公司？大保险公司和小保险公司的各自优势有哪些？恐怕这些问题都是车主在选择保险公司的时候会考虑的。对于经常驾车外出或需要跑高速的车主来说，最好选择规模较大的保险公司，这样的保险公司在全国各地都有分公司，网点比较健全，车主遇到麻烦可即时在当地办理定损、理赔等业务。小公司的特点与大公司正相反，一般来讲它们的赔付额度不如大公司，定点维修厂的水平也不如大公司，而且有时候服务质量不够可靠，但通常费率会比较低。

（3）关注费率是否与保监会批准的费率一致 了解保险公司的费率优惠规定和无赔款优待的规定。

某一省市或者地区的车险产品价格是统一的，但是，车险业也实行奖优罚劣的制度，对于没有出事故的车主投保时能获得费率的优惠。车主在投保时也要关注各保险公司在这方面的规定，以保障自己的合法权益。

三、选择投保渠道

目前投保车险的方式多种多样，主要的投保渠道有以下几种：

1. 代理机构投保

目前，与汽车相关的行业通过与保险公司司签订协议，代理销售保险公司的车险产品。现在4S店实行一条龙服务，汽车经销商可以为客户购买车险，这样车主就很省事，当然选择代理来投保需要多付一些费用。但是通过代理机构购买车险时要注意代理商为了促成投保人下定决心投保，可能会给一定比例的折扣。各公司打折比例不一，由于各公司的车险价格本身不同，打折多的不一定是最便宜的。每个代理商只代理几家公司的保险，建议先选合适的保险公司，再决定在哪家代理商处办理。代理商高度推荐的保单，可能是对代理商佣金最高的保单，不一定是最合适的保单。对于车险而言，价格重要，服务更重要。

还有现在车险市场可能出现一些山寨版的车险代理机构，对车主来说，如何选择一个合法的汽车保险代理人呢？

1）代理人是否有保监会签发的代理资格证，与保险公司是否签订代理协议，这是非常重要的一条，反映了代理人是否具有合法的身份，能否代办合法的保险，保障车主的权益，所以广大车主在投保的时候，一定不要怕麻烦，要仔细检验代理人的资格。

2）保险代理人是否有正规固定的办公场所，与之合作的汽修厂是否具备相当的规模，这关系到车主买了保险以后的售后服务问题。

3）代理人是否能提供完善的售后服务，目前国内保险公司的一些售后服务主要是由合作的代理机构完成的。

2. 柜台投保

车主亲自到保险公司营业网点投保。保险公司也有对外营业的窗口，相对而言，中国人保、平安保险、太平洋保险三家国内最大财产保险商，自己的营业网点更多一些，投保人可以选择适合的保险公司，花上一些时间亲自去办理保险。

3. 电话投保

通过电话销售汽车保险是以后车险销售的主要途径。现在，我国已经有很多保险公司获得了电话销售汽车保险产品的资格。通过电话购买车险产品的价格比较低，最低能打到七

汽车保险理赔实务

折，对于车主来说也很方便，只要打个电话，车险合同就能送上门，但是，电话投保也有不足之处——有关条款的内容通过电话沟通不方便。

4. 网络投保

保险公司设立专门的网站，提供网上投保，该种投保方式自主选择性强，对于熟悉保险的客户比较适用，但是，对于不熟悉保险条款和网络的客户来说，网络投保也是一件难事。

5. 保险经纪人投保

所谓保险经纪人就是基于投保人的利益，为投保人制定合适的投保方案，并向保险人收取佣金的法人或者自然人。

经纪人的保险专业知识很强，能够根据客户的情况制定车险产品组合，车主通过经纪人投保可以说很省事、省心，出险后也可以通过经纪人索赔，也不用担心买到假的车险产品，但是，通过专业的经纪人投保的话，相比电话和网络投保支付的保险费要高。

四、选择投保方式

现今车险行业有很多存在争议的问题，这些问题使得某些车主很气愤也很无奈。明明是旧车，保险公司非要按照新车价格承保，这增加了车主的保费负担，其实，旧车按照新车投保才能够得到足额的赔偿，这是由保险的损失补偿原则决定的。投保方式不同，会导致车主得到的赔偿金额也不同，所以，在讲授车主如何选择投保方式时，先要学习保险的三种投保方式的概念及计算方法。

1. 损失补偿原则

损失补偿原则是指对于价值补偿性保险，若发生保险责任范围内的损失，保险人必须作出赔偿。保险是弥补被保险人由于保险标的遭受保险事故导致的经济损失，被保险人不能因保险赔偿而获取额外的利益。

损失补偿原则适用于财产保险和人身保险中带有补偿性质的保险。

（1）损失补偿原则的基本内容　被保险人发生事故后，请求损失赔偿条件必须具备以下条件：对保险标的具有可保利益；损失属于保险责任；损失可用货币衡量。

（2）保险人赔偿金额的计算依据　损失补偿原则的核心思想是有损失有补偿，且被保险人不能因为保险补偿而获利。保险人计算赔偿金额的依据是保险金额、实际损失额和可保利益额。

（3）损失补偿原则的例外情况　损失补偿原则的核心思想是被保险人不能获利，但是有几种险种不适用于损失补偿原则，比如人身险、定值保险、重置保险和施救费用的补偿等。定值保险是指投保人和保险人约定保险标的的保险价值，并在合同中载明，当保险标的发生损失时，以约定的保险价值为赔偿计算标准。所以，当标的损失时，无论其市场价值如何，保险人均需按照合同约定的价值赔偿，因此，当标的价值下降时，被保险人可以获利。重置保险是指投保人和保险人约定，当保险标的损失时，保险人按照市场购买价格赔偿，所以，当标的损失时的市场价格上涨时，被保险人获利。

（4）损失补偿原则的派生原则　损失补偿原则的中心思想是被保险人不能获利，但是，当被保险人可以同时向两个或两个以上的赔偿主体要求赔偿时，就可能出现违背该原则的情况，因此，为了预防这种情况的出现，防止道德风险，产生了损失补偿原则的两大派生原则即代位追偿原则和委付。

1）代位追偿原则的含义。代位追偿原则是指在财产保险中，保险标的由于第三者责任导致保险损失，保险人向被保险人支付赔款后，在赔偿金额的范围内依法取得对第三者的索赔权。代位追偿原则中的追偿的对象是对保险事故的发生和保险标的的损失负有民事赔偿责任的第三者，它可以是法人，也可以是自然人。但是，《保险法》规定：保险人不得向被保险人的家庭成员或者其组成人员行使代位追偿权，除非他们故意造成保险事故的发生。

2）保险人实施代位追偿权的条件。代位追偿是保险人取得被保险人向第三者要求赔偿的权利。代位追偿权利的取得必须满足以下条件：①保险事故的发生是由第三者的责任引起的，第三者对事故损失负有赔偿责任；②损害事故发生的原因、受损的标的，均属保险责任范围；③保险人按合同规定已经赔偿了被保险人的损失。

3）委付。委付是指当保险标的发生推定全损时，投保人或被保险人将保险标的的一切权益转移给保险人，而请求保险人按保险金额全数赔付的行为。

2. 保险价值的概念

保险价值是指订立保险合同时，确定保险金额基础的保险标的的价值。

《保险法》第55条规定：投保人和保险人未约定保险标的的保险价值的，保险标的发生损失时，以保险事故发生时保险标的的实际价值为赔偿计算标准。保险金额不得超过保险价值。超过保险价值的，超过部分无效，保险人应当退还相应的保险费。保险金额低于保险价值的，除合同另有约定外，保险人按照保险金额与保险价值的比例承担赔偿保险金的责任。

不定值保险是指保险双方在订立合同中，不约定保险标的的保险价值，只确定保险金额。当发生保险事故时，保险人再确定保险标的的保险价值，然后根据投保人所遭受的实际损失以及投保程度作出赔付。

不定值保险在企业财产保险、火灾保险和汽车保险等财产保险中比较常见。

汽车保险在合同中不载明保险价值，属于不定值保险，所以汽车保险价值一般按出险时车辆保险标的的实际价值确定。又因为新《保险法》规定保险金额不得超过保险价值，所以，在汽车保险中，保险价值为标的出险时的实际价值。

3. 三种投保方式

（1）足额投保　足额投保是指保险金额等于保险价值的投保。无论标的是全部损失还是部分损失，超额部分无效，均以实际损失补偿。在车险中若采用足额投保时，虽然发生部分损失时是按实际损失补偿而不是比例赔付。这样对旧车而言，一旦发生全损事故，实际得到的赔偿会较小而保费却不便宜。因此并不是说所有的车辆都要足额投保。

（2）不足额投保　不足额投保是指保险金额低于保险价值的投保。当标的全部损失时按实际价值补偿，而当标的部分损失时则按实际损失补偿。部分损失＝保险金额/保险价值×损失额。如果采取不足额投保的方式，车主虽然节省了一部分保费，但是，当车辆发生部分损失时，保险公司是按保险金额与新车购置价的比例来承担赔偿责任的，也就是比例赔付，此时车主将得不到足够的保障。

（3）超额投保　超额投保是指保险金额高于保险价值的投保。当标的全部损失时则按保险金额补偿，而当标的部分损失时则按实际损失补偿。对于超额投保的客户，如果不遵循损失补偿原则的话，投保人有可能获得超过损失部分的额外利益，所以，在《保险法》和

车损险条款中都规定了:"超额部分无效,均以实际损失补偿"等内容。超额投保多交保险费,但是却得不到额外的赔偿,所以车险投保时千万不要超额投保或重复投保。

4. 重复保险的损失分摊方法

重复保险是指投保人对同一保险标的、同一保险利益、同一保险事故分别向两个或两个以上的保险人订立保险合同,合同期间有重叠,且保险金额的总和超过了保险价值的保险。

> **思考题:**
> 下列( )是重复保险情况。
> A. 对同一批货物,货主及承运人都投保了货物运输保险
> B. G 商场在 A 保险公司投保了财产保险综合险,与此同时,又在 B 保险公司投保了公众责任保险
> C. H 公司将一幢价值 520 万美元的办公楼同时向两家保险公司投保,保险金额分别为 300 万美元和 220 万美元
> D. 王先生于 2002 年 8 月在 X 保险公司投保了家庭财产保险,2003 年 5 月其所在单位又在 Y 保险公司为每个职工投保了家庭财产保险(团体)。

为了防止被保险人利用重复保险获利,重复保险的损失采用保险人分摊的方式,主要有比例责任分摊、限额责任分摊和顺序责任分摊三种方式。三种分摊方式的计算公式分别如下。

(1) 比例责任分摊方式

$$各保险人承担的赔款 = 损失金额 \times \frac{该保险人的保险金额}{各保险人保险金额的总和} \times 100\%$$

如果保险合同中没有注明按照那种方式赔偿,则一律按照比例责任计算赔款。

(2) 限额责任分摊方式

$$各保险人承担的赔款 = 损失金额 \times \frac{该保险人的赔偿限额}{各保险人的赔偿限额的总和} \times 100\%$$

(3) 顺序责任分摊方式 顺序责任分摊方式是按投保人在每家保险公司投保日期的先后顺序赔偿。顺序责任分摊方式存在不合理行性,所以该种分摊方式在实践中基本不用。

复习思考题

一、单选题

1. 风险存在具有( )损失。
   A. 客观性与相对性   B. 绝对性和相对性
   C. 客观性和普遍性   D. 必然性和普遍性

2. 通常,投保人对( )不具有保险利益。
   A. 本人   B. 子女   C. 同事   D. 父母

3. 保险金额是保险人承担赔偿或给付保险金的( )。
   A. 最高限额   B. 最低限额   C. 损失金额   D. 赔付金额

4. 人身保险以（　　）为保险标的。
   A. 人的生存　　　B. 人的死亡　　　C. 人的生死　　　D. 人的寿命和身体
5. 选07-C款的保险公司，车上人员责任险和盗抢险为（　　）？
   A. 主险　　　　　B. 附加险　　　　C. A或B　　　　　D. A＋B
6. 负同等责任时，商三险的事故责任免赔率为（　　）。
   A. 5%　　　　　　B. 8%　　　　　　C. 10%　　　　　 D. 15%
7. 可以单独投保的险种称为（　　）。
   A. 主险　　　　　B. 基本险　　　　C. 附加险　　　　D. A或B
8. 下列（　　）不属于车损险的附加险。
   A. 车上人员责任险　　　　　　　　B. 自燃损失险
   C. 可选免赔额特约险　　　　　　　D. 车身划痕险
9. 下列（　　）不属于第三者责任险的附加险。
   A. 车上人员责任险　　　　　　　　B. 停驶损失险
   C. 无过错责任险　　　　　　　　　D. 车载货物掉落责任险
10. 保险车辆所载货物与外界物体意外碰撞而造成保险车辆本身的损失，属于（　　）。
    A. 车损险的保险责任　　　　　　　B. 车损险的免除责任
    C. 第三者责任险的保险责任　　　　D. 第三者责任险的免除责任
11. 汽车在（　　）期间的损坏属于车损险的保险责任。
    A. 被盗抢　　　　　　　　　　　　B. 车辆年检不合格
    C. 被药物麻醉使用车辆　　　　　　D. 车辆转让批改后
12. 07版车损险条款中，应由第三方负责赔偿却无法找到第三者的，实行（　　）免赔。
    A. 10%　　　　　B. 20%　　　　　C. 30%　　　　　D. 35%
13. 家庭自用车的月折旧率为（　　）。
    A. 0.6%　　　　B. 0.9%　　　　　C. 1.1%　　　　　D. 1.2%
14. 08版交强险的保险金额为（　　）。
    A. 4万元　　　　B. 6万元　　　　 C. 12万元　　　　D. 12.2万元
15. 若上路的汽车没有投保交强险的，除机动车被扣留外还将处以（　　）的罚款。
    A. 1倍保费　　　B. 2倍保费　　　 C. 1倍保额　　　 D. 2倍保额
16. 对于无前风窗玻璃的车辆，交强险采用（　　）。
    A. 内置型保险标志　　　　　　　　B. 便携型保险标志
    C. 内置型保险单　　　　　　　　　D. 便携型保险单
17. 商业第三者责任险中的第三者指的是（　　）。
    A. 车上的乘客　　　　　　　　　　B. 正在下车的乘客
    C. 已经下车的乘客　　　　　　　　D. 私有车辆车主的家庭成员
18. 车上人员责任险可按（　　）方式投保。
    A. 核定乘客座位数　　　　　　　　B. 实际乘客数
    C. 核定人员　　　　　　　　　　　D. 保险人员
19. 商业保险中的被保险人允许的合格驾驶员指的是（　　）。

A. 持有有效驾驶执照
B. 持军队或武警部队驾驶证驾驶地方车辆
C. 持学习驾驶证学习驾车，无教练随车指导
D. 学习期驾驶执行任务的警车

20. 通常，保险车辆发动机进水后致使发动机损坏所带来的损失由（　　）负责。

A. 投保人　　　　B. 被保险人　　　　C. 保险人　　　　D. 政府

二、简答题

1. 风险由哪些要素构成？风险的特征是什么？
2. 可保风险的构成要件有哪些？
3. 保险的特征有哪些？
4. 车险的投保途径有哪些？试分析每种投保途径的优缺点。
5. 车险投保时，车主该如何选择保险公司？

三、计算题

某企业将价值为120万元的财产同时在甲、乙、丙三家保险公司投保财产保险综合险，甲保险公司保险金额50万元，乙保险公司保险金额70万元，丙保险公司的保险金额为60万元。保险期限内，该企业发生火灾，导致财产损失共计60万元。

请分别用重复保险的三种分摊方法计算甲、乙、丙三家公司的赔款金额。

四、综合训练题

刘先生是一位小城市的私企小老板，刚购买了一辆花冠轿车，购车价12万元，车辆购置税5500元。刘先生驾龄已有8年。刘先生买车主要用于上班办公及出差需要，偶尔也开车自驾游。请结合刘先生的特点给他设计一个最佳投保组合方案。

单元二 汽车保险合同

【学习目标】

1. 掌握汽车保险合同的特点。
2. 掌握汽车保险合同的单证类型及其特点。
3. 掌握投保人购买保险时应遵循的原则。
4. 掌握汽车保险合同的违约责任。
5. 能够向投保人解释投保单的内容并根据投保单的填写规定，指导投保人正确填写投保单。
6. 能够运用汽车保险合同条款的内容处理有关汽车保险合同条款的理赔纠纷。

 汽车保险合同概述

近年来，随着市场经济的快速发展，我国的保险业发展迅猛。特别是《中华人民共和国道路交通安全法》将投保第三者责任险作为机动车上路行驶的强制要件，引起人们对机动车辆保险的再次关注。汽车保险事故理赔纠纷多集中在保险人与投保人或被保险人的责任及责任大小，保险合同是否成立与生效，以及保险人是否承担责任和承担责任多少等问题上。因此，掌握汽车保险合同特点以及汽车保险合同订立与履行过程中涉及的原则和问题，对解决围绕汽车保险合同的纠纷具有十分重要的理论意义。

一、汽车保险合同的概念

汽车保险合同是指以汽车作为保险标的，投保人缴纳保险费后，保险人承担因自然灾害或意外事故导致车辆损失的商业合同。

汽车保险理赔实务

二、汽车保险合同的特点

汽车保险合同除了具有一般保险合同的特点外,还有其自身的特点:

1)汽车保险合同的可保利益较大,来源较广。

2)汽车保险合同是不定值合同。我国汽车损失险的保险金额既可以按照投保时车辆的购置价确定,也可以按照投保时车辆的实际价值来确定,或者由保险人与投保人或被保险人协商确定,车辆的保险金额为车险的最高赔偿金额。车险中的第三者责任险的保险金额分为几个档次,投保人或被保险人根据自身状况与保险人协商确定投保限额,并将投保限额作为保险人赔偿的最大金额。因此,汽车保险中的第三者责任险具有给付性质,其保险金额的确定具有不确定性。我国机动车辆保险合同条款中明确规定汽车保险合同是不定值保险合同。

3)汽车保险合同是包含财产保险和人身保险的综合性保险合同。我国的汽车保险属于财产保险中的一个险别,但是我国的汽车保险的保险标的可以是汽车本身,还可以是事故发生后被保险人对他人依法应负的民事赔偿责任。

4)保险人对第三者责任有追偿的权利。如果被保险人的损失是由第三者造成的,保险人赔偿了被保险人的损失后,被保险人应将向第三者追偿的权利转让给保险人,保险人依法享有对第三者追偿的权利,但保险人的追偿权限为赔偿给被保险人的金额。如果保险人的追偿金额超过赔偿金额,则超过部分应还给被保险人。如果被保险人在未取得保险人的同意的情况下,放弃向第三者追偿的权利,那么保险人有权拒绝被保险人的赔偿请求。

三、汽车保险合同的形式

汽车保险合同采用书面文件的形式,这些文件统称为保险凭证,汽车保险合同规定了合同双方的权利和义务。汽车保险的凭证除了保险单外,还有保险合同订立前的辅助性文件,比如投保单、暂保单等。

1. 投保单

汽车保险的投保单由保险人缮制,投保人填写。投保单是投保单向保险人购买保险的书面要约。投保单上载明了保险合同所涉及的主要内容,其中保险费条款是投保单的主要内容。投保单经过保险人的核保后就成为保险合同的一个重要组成部分。表1-2-1是某财产保险公司机动车辆保险投保单。

表1-2-1　某财产保险公司机动车辆保险投保单

投保情况	投保情况	□新保　□续保	上年投保公司		
	上年保单号		到期时间		
被保险人	被保险人		身份证号码		
	通讯地址		邮政编码		
	联系人		联系电话		E-mail

单元二　汽车保险合同

（续）

投保车辆情况	车牌号码		境外号牌		号牌底色	
	厂牌型号		车辆种类		车架号	
	发动机号		排气量（升）		车辆颜色	
	VIN 码		座位/吨位		初登日期	
	使用性质	□营业　□非营业		防盗装置	□电子防盗装置□机械防盗装置□无	
	所属性质	□机关□企业□个人		固定车位	□有□无　驾驶人数	□单人□多人
	形势区域	□省内□国内□出入港澳		安全装置	□安全气囊□ABS 系统□无安全装置	
主驾驶人资料	姓名：　　性别：□男□女　婚姻情况：□已婚□未婚　初领驾证时间					
	身份证号码：　　　　　　　　　　　出生时间：					
	近三年肇事记录：□无□一次□二次□三次及以上　违章记录：□无□一次□二次□三次及以上					
副驾驶人资料	姓名：　　性别：□男□女　婚姻情况：□已婚□未婚　初领驾证时间					
	身份证号码：　　　　　　　　　　　出生时间：					
	近三年肇事记录：□无□一次□二次□三次及以上　违章记录：□无□一次□二次□三次及以上					

基本险	车辆损失险				第三者责任险		
	新车购置价	保险金额	费率	保险费小计	赔偿限额	保险费小计	
	驾驶员座位责任险				乘客座位责任险		
	赔偿限额		保险费小计		赔偿限额：	万元/座	保险费：

附加险	险　　别	保险金额（赔偿限额）	费率	保险费小计
	全车盗抢险			
	前后挡风玻璃单独爆裂险			
	无过错损失补偿险			
	不计免赔率特约险			
	自然损失险			
	新增设备损失险			
	承运货物责任险			
	免税车辆关税责任险			
	代步车费用险			
	全车盗抢附加高尔夫球具盗窃险			
	他人恶意行为损失险			
	交通事故精神损害赔偿险			

保险期限：共　　个月　自　　年　　月　　日零时起至　　年　　月　　日二十四时止

特别约定：

2. 保险单

保险单是保险人与投保人订立保险合同的法律凭证。保险单由保险人制作，经投保人签字、盖章后有效。保险单正本由被保险人保管，是被保险人发生保险事故时索赔的重要证

47

据。保险单的副本由保险公司留档。保险单的主要内容有：保险单格式、保险责任、除外责任和附加条款等。

3. 保险凭证

保险凭证在保险行业内叫保险小卡，又称"小保单"，保险凭证上不印保险条款，是一种简化的保险单。保险凭证与保险单具有同等效力，凡是保险凭证上没有列明的，均以同类的保险单为准。当保险凭证上内容与保险单上内容相抵触时，以保险凭证上内容为准。保险凭证主要在以下几种情况下签发：

1）在一张团体保险单项下，需要给每一个参加保险的人签发一张单独的凭证。

2）在货物运输保险订有预约合同的条件下，需要对每一笔货运签发单独的凭证。

3）对于机动车辆保险，为了便于被保险人随身携带以供有关部门检查，保险人通常出具保险凭证。

4. 暂保单

暂保单又称"临时保险书"，是保险人在签发正式保险单或保险凭证之前，发出的临时单证。暂保单的内容较为简单，仅表明投保人已经办理了保险手续，并等待保险人出立正式保险单。暂保单具有和正式保险单同等的法律效力。暂保单的有效期通常不超过30天。当正式保险单出立或暂保单有效期满后，暂保单自动失效。如果保险人最后考虑不向投保人签发保险单时，也可以终止暂保单的效力，但必须提前通知投保人。

暂保单既不是保险合同的凭证，也不是保险合同订立的必经程序，仅仅是保险人签发正式保险单之前的权宜之计，一般在以下几种情形中使用：

1）保险代理人获得保险业务而保险人未正式签发保险单之前，保险人向投保人签发暂保单。

2）保险公司的分支机构在接受需要总公司批准保险业务后，在未获得批准之前向投保人签发暂保单。

3）投保人与保险人就保险合同的主要条款达成协议，但一些具体仍需进一步的协商，保险人签发暂保单。

4）在办理出口贸易结汇时，签发保险单之前，保险人所出具的保险证明文件作为结汇的文件之一，以证明出口货物已经办理保险。

5. 批单（或背书）

批单是保险合同双方当事人就保险单内容进行修改和变更的证明文件。批单是变更保险合同的单证。批单一经签发，就成为保险合同的有效组成部分。

在保险合同有效期内，如果投保人需要修改保险单某些条款或内容，投保人可提出书面申请，保险人同意后，以出批单或在原保险单上签章背书的形式证明修改过的内容。凡是经过批改的保险单的内容，以批单（或背书）为准，多次批改的，以最后一次批改内容为准。

课题二　保险中介

保险中介是指介于保险经营机构之间或保险经营机构与投保人之间，专门从事保险业务咨询与销售、风险管理与安排、价值衡量与评估、损失鉴定与理算等中介服务活动，并从中依法获取佣金或手续费的单位或个人。

单元二　汽车保险合同

保险中介人的主体形式多样，我国的保险中介主要包括保险代理人、保险经纪人和保险公估人三种。此外，其他一些专业领域的单位或个人也可以从事某些特定的保险中介服务，如保险精算师事务所、事故调查机构和律师等。

保险中介是保险市场精细分工的结果。保险中介的出现推动了保险业的发展，使保险供需双方更加合理、迅速地结合，减少了供需双方的辗转劳动，既满足了被保险人的需求，方便了投保人投保，又降低了保险企业的经营成本。

据统计截至 2012 年一季度末，我国共有保险专业中介机构 2553 家，同比增加 6 家。其中，全国性保险专业代理机构 43 家，区域性保险专业代理机构 1772 家，保险经纪机构 421 家，保险公估机构 317 家。全国保险专业中介机构注册资本 113.56 亿元，同比增长 19.86%；总资产 173.25 亿元，同比增长 22.69%。2012 年一季度，全国保险公司通过保险专业中介机构实现保费收入 238.76 亿元。全国保险专业中介机构实现业务收入 39.09 亿元，同比增长 20.17%。

一、保险代理人

（一）保险代理人的概念和特点

保险代理人是指与保险公司签订保险代理合同，在保险公司授权范围内，以保险公司的名义办理保险业务的自然人或法人。保险代理人的收入来源于保险公司向其支付的代理手续费。

从以上保险代理人的概念中，可以得出保险代理人具有以下特点：
1）保险代理人既可以是法人也可以是自然人；
2）保险代理人销售保险产品必须要有保险人的委托授权；
3）保险代理人以保险人的名义办理保险业务；
4）保险代理人向保险人收取代理手续费；
5）代理行为所产生的权利和义务的法律后果由保险人承担。

（二）保险代理人的权利和义务

1. 保险代理人的权利

保险代理人的权利和义务是依据保险代理合同而产生的。保险代理合同是保险代理人与保险人明确双方所享有权利和承担义务的协议。保险代理合同规定的保险代理人的权利主要有以下内容：

（1）获得劳务报酬的权利　保险代理人有权就其展开的保险代理业务所付出的劳动向保险人收取劳务报酬，这是保险代理人的基本权利。保险代理合同中通常应明确规定代理手续费的支付标准和支付方式。

（2）独立开展业务活动的权利　保险代理人在代理合同规定的授权范围内，具有独立进行意思表示的权利，即有权自行决定如何同投保人洽谈业务。

（3）享受保险公司的培训　保险营销员是保险代理人中的一种，作为保险公司员工的保险营销员具有享受保险公司培训的权利，以提高自己的业务能力。

2. 保险代理人的义务

（1）遵循最大诚信原则的义务　保险代理人基于保险人的授权从事保险代理业务，承担着保险人所应承担的义务，所以，保险代理人必须遵循最大诚信原则。一方面，保险代理

人应将投保人、被保险人应该知道的保险公司业务情况和保险条款的内容及其含义，尤其是免责条款的内容告知投保人、被保险人；另一方面，保险代理人也应将投保人、被保险人反映的有关投保人、被保险人风险的实际情况如实告知保险人。

（2）如实转交保险费的义务　受保险人的委托，保险代理人可以在业务范围内代理收取保险费。保险代理人应该将代收的保险费立即上交保险人或按照合同规定的方式上交保险人。保险代理人不得擅自挪用代收的保险费。

（3）维护保险人利益的义务　保险行业内经常把保险代理人比作保险公司一支延长的手。保险代理人对外代表保险人开展业务，保险代理人的过失或过错给投保人或者被保险人造成的损失由保险人承担。在保险代理活动中，保险代理人不得与第三人串通或合伙隐瞒真相，损害保险人得利益，保险代理人有义务维护保险人得利益。

（三）保险代理人的类型

我国的保险代理人种类很多，主要包括两大类，一类是保险代理从业人员，另一类是保险代理机构。保险代理从业人员又包括保险代理业务人员和保险营销员。保险代理机构主要包括保险专业代理机构和保险兼业代理机构。

1. 保险营销员

保险营销员是指取得中国保监会颁发的资格证书，为保险人销售保险产品及提供相关服务，并收取手续费的个人。

我国的《保险法》规定，从事保险营销活动的人员应当通过中国保监会的保险代理人从业资格考试，取得《保险代理从业人员资格证书》，参加该证书考试的人员要具有初中以上学历。

保险营销员和保险兼业代理人一样，其主要业务就是代理推销保险产品和代理收取保险费。

保险营销员的业务范围受到限制。我国《保险法》规定保险营销员不得从事以下业务：

1）不得办理企业财产保险业务；

2）不得办理团体人身保险业务；

3）不得兼职从事个人保险代理业务；

4）不得签发保单。（只能代理销售保单和代理收取保费）

保险营销员从事保险营销活动应当遵守法律、行政法规和中国保监会的有关规定。保险营销员应当在所属保险公司授权范围内从事保险销售业务，自觉接受所属保险公司的管理，履行委托协议约定的义务。保险代理人在代理保险业务时应遵守诚信原则，不得强迫、引诱或限制投保人投保或转换保险人；不得擅自变更条款，提高或降低保险费率；不得挪用或侵占保险费。

2. 保险专业代理机构

保险专业代理机构是指符合中国保监会规定的资格条件，经保监会批准取得经营保险代理业务许可证，根据保险人的委托，向保险人收取保险代理手续费，在保险人授权的范围内专门代理保险业务的机构。

我国《保险法》规定，保险专业代理机构的经营范围主要有：代理销售保险产品；代理收取保险费；代理相关保险业务损失的勘查和理赔；中国保监会规定的其他业务。

在我国设立一家保险专业代理机构必须基本以下条件：

1）最低实收货币资本金为人民币50万元；

2）具有符合规定的公司章程；
3）拥有30名以上《展业证书》的代理人；
4）具有符合任职资格的高级管理人；
5）具有符合要求的营业场所。

3. 保险兼业代理机构

保险兼业代理机构是指在从事自身业务的同时，根据保险人的委托，向保险人收取代理手续费，在保险人授权的范围内代办保险业务的机构。

从事保险兼业代理业务必须向中国保监会申请保险兼业代理资格，经保监会核准后取得保险兼业代理许可证后才能代理销售保险产品。保险兼业代理人的主要业务就是代理推销保险产品和代理收取保险费。

目前，我国常见的保险兼业代理人主要有银行代理、行业代理和单位代理三种。

保险人利用行业与社会各行各业接触面广的特点，通过银行代理向企业和个人进行保险宣传，效果十分明显。

行业代理的保险业务一般为专项险种，如由货物运输部门代理货物运输保险业务，由航空售票点代理航空人身意外伤害保险等。

单位代理主要是由各单位工会、财务部门代理，办理一些与职工生活密切相关的保险业务，方便群众投保。在我国，党政机关及其职能部门、事业单位和团体不得从事保险代理业务。

二、保险经纪人

（一）保险经纪人的概念和特点

保险经纪人是指基于投保人的利益，为投保人和保险人订立保险合同、提供中介服务，并依法收取佣金的法人或自然人。

从以上有关保险经纪人的概念中，可以得出保险经纪人具有以下特点：

1）保险经纪人不是保险合同的当事人；经纪人可以是自然人，也可以是法人；
2）保险经纪人向保险人收取佣金；
3）保险经纪人以自己的名义从事保险中介活动，并承担由此产生的法律后果。

（二）保险经纪人的权利和业务范围

根据《保险法》的规定，我国的保险经纪人主要有收取佣金和留置保单的权利。保险经纪人的业务范围主要有以下几项：

1）以订立保险合同为目的，为投保人提供防火、防损或风险评估以及风险管理咨询服务。通过保险经纪人提供的以上专门服务，可以使被保险人的防灾工作、风险管理工作做得更好，就可以以较低的费率获得保障利益。

2）以订立保险合同为目的，为投保人拟订投保方案，办理投保手续。投保方案的选择是一项专业技术性很强的工作，被保险人自己通常不能胜任，保险经纪人就可以以其专业素质，根据保险标的情况和保险公司的承保情况，为投保人拟订最佳投保方案，代为办理投保手续。

3）当保险标的遭受损失或被保险人发生事故时，替被保险人或受益人代办检验、索赔。

4）接受被保险人或受益人委托向保险公司索赔。

（三）保险监管机关批准的其他业务

保险经纪人有严格的执业规则，世界各国对其都实行严格的执业管理。我国《保险法》

规定，因保险经纪人的过错，给投保人或被保险人造成损失的，由保险经纪人承担赔偿责任。

（四）保险代理人和保险经纪人的区别

（1）两者代表的利益不同　保险代理人代表保险人的利益，保险经纪人代表投保人的利益。

（2）提供的服务对象不同　保险代理人代理保险公司销售保险产品并为保险人提供服务。保险经纪人是为被保险人与保险人协商投保条件，为投保人提供保险服务。

（3）所得的报酬不同　保险代理人的收入来源于保险人支付的代理手续费。保险经纪人的收入来源于保险人向其支付的佣金或被保险人给予的一定报酬。

（4）法律地位不同　保险代理人给投保人或者被保险人造成的损失由保险人承担责任。保险经纪人给投保人或者被保险人造成的损失由经纪人自己承担。

（5）资格的取得条件不同　保险代理人是保险营销的上岗证。保险代理人证书的报考者只需要初中学历，而保险经纪人证书考试者必须要具有高中以上学历。

三、保险公估人

（一）保险公估人的概念和特点

保险公估人是专门从事保险标的的评估、勘验、鉴定、估损、理算等业务，并据此向保险当事人收取合理费用的法人。

公估人的主要职能是按照委托人的委托要求，对保险标的进行检验、鉴定和理算，并出具保险公估报告，其地位独立，不代表任何一方的利益，使保险赔付趋于公平、合理，有利于调停保险当事人之间关于保险理赔方面的矛盾。

保险公估人是一种具有独立法人资格的服务性中介机构。我国保险公估人具有以下特征：

（1）经济性　保险公估人通过储备专业技术人员，接受诸多保险人委托，处理不同类型的保险公估业务，积累保险公估经验，提高保险公估水平，从而可以帮助保险人降低成本，提高经济效益。

（2）专业性　由于面向众多保险当事人处理不同类型的保险理赔、评估业务，因此，保险公估机构必须拥有具有各种专业背景并熟悉保险业务的专业工程技术人员，他们处理保险理赔案件的技术更加熟练，经验更加丰富。

（3）公正性、独立性　保险公估人是一种具有独立法人资格的服务性中介机构，他既不代表投保人的利益也不代表保险人的利益。保险公估人在理赔过程中公正、独立地为保险当事人提供理赔技术服务。

（二）保险公估人的分类

1. 按业务活动顺序分类

根据保险公估人在保险公估业务活动中先后顺序的不同，保险公估人可以分为承保公估人和理赔公估人。

（1）承保公估人　承保公估人主要从事保险标的的承保公估，即对保险标的作现时价值评估和承保风险评估。承保公估人提供的查勘报告是保险人评估保险标的的风险，审核其自身承保能力的重要参考。

（2）理赔公估人　理赔公估人是在保险合同约定的保险事故发生后，受托处理保险标的的检验、估损及理算的专业公估人。保险理赔公估人包括损失理算师、损失鉴定人和损失评估人。损失理算师是指在保险事故发生后，计算损失赔偿金额，确定分担赔偿责任的人。理算师主要确定保险财产的损失程度，全损或可以修复，修复费用是否超过财产的实际价值。损失鉴定人是在保险事故发生后，判断事故发生的原因和责任归属的人。损失鉴定人负责查明事故发生的原因，判断是否有除外责任因素的介入，是否有第三者责任发生，进行损失定量等。损失评估人是指接受被保险人的委托，办理保险标的的损失查勘、计算的人。损失评估人通常只接受被保险人单方面的委托，为被保险人的利益而从事保险公估业务。

2. 按业务性质分类

按照业务性质的不同，保险公估人可分为以下三类：

（1）保险型公估人　保险型公估人侧重于解决保险方面的问题，他们熟悉保险、金融、经济等方面的知识，但对其他专业技术知识所知甚少或者完全不知，对于技术型问题的解决只能作为辅助。

（2）技术型公估人　技术型公估人侧重于解决技术方面的问题，其他有关保险方面的问题涉及较少。

（3）综合型公估人　综合型公估人不仅解决保险型问题，同时还解决保险业务中的技术问题。综合型保险公估人由于知识全面，经验丰富，越来越为社会所需。

3. 按业务范围分类

根据保险公估人从事活动范围的不同，保险公估人可以分为以下三类：

（1）海上保险公估人　海上保险公估人主要处理海上、航空运输保险等方面的业务。海上保险和航空运输保险均为国际型的保险。国际上，船舶保险中的船身价值或其修理规模和费用的确定均与船舶的种类、吨位、用途直接相关，船上设备、机器、引擎、发电机等也有专业要求，保险公司必须请船舶公估公司处理；航空货物运输保险中的货运检验涉及发货人、收货人、承运人和保险公司多方利益和责任，各方当事人难以达成一致意见，保险公司通常委托居于独立地位的保险公估人处理，海上保险公估人由此应运而生。

（2）汽车保险公估人　汽车保险公估人主要处理与汽车保险有关的业务。汽车保险在各国保险市场上具有举足轻重的作用，保险公估人也因此格外重视汽车保险公估。汽车保险公估人参与汽车保险理赔公估，不仅可以减少保险公司和被保险人之间在修理费用、重置价值方面的直接冲突，避免保险公司理赔人员与被保险人、汽车修理行会合谋骗取保险赔款，而且可以有效制止汽车保险理赔中的不正当行为，使各保险公司在公平的市场环境中平等竞争。

（3）火灾及特种保险公估人　火灾及特种保险公估人主要处理火灾及物质特种保险等方面的业务。随着经济的发展和科学技术的进步，财产保险的承保范围日益扩大，保险理赔的技术含量不断提高，保险公司自行处理理赔的难度加大，因此大量拥有专业技术的保险公估人的出现，满足了火灾和特种保险的需要。

4. 按委托方不同分类

根据委托方的不同，保险公估人可以分为以下两类。

（1）接受保险公司委托的保险公估人　接受保险公司委托的保险公估人，尽管是受保险公司的委托，但他们必须站在中立的立场处理保险承保和保险理赔。

（2）只接受被保险人委托的保险公估人　只接受被保险人的委托处理索赔和理算，而不接受保险公司委托的保险公估人。

汽车保险理赔实务

5. 公估方与委托方不同分类

从保险公估人与委托方的关系来看，保险公估人可分为雇佣保险公估人和独立保险公估人。

（1）雇佣保险公估人　雇佣保险公估人是指长期受聘于某一家保险公司，按该公司的委托或指令处理各项理赔业务，这类公估人一般不能接受其他保险公司的委托业务。

（2）独立的保险公估人　独立的保险公估人是指可以同时接受数家保险公司的委托处理理赔事务，其间的委托与被委托关系是暂时的，一旦公估人完成了保险公司的委托业务，他们之间的委托关系也相应结束。

课题三　汽车保险合同的订立

　　汽车保险合同并不和我们平常看到的产品买卖合同一样随时签订，而汽车保险合同是由保险人预先拟制好的一种格式合同。为了保护相对人的利益，《保险法》规定："对于保险合同的条款，保险人与投保人、被保险人或者受益人有争议时，人民法院或者仲裁机关应当作出有利于被保险人和受益人的解释"。法律虽然对此做了明确规定，但实践中的保险合同，保险人在格式合同中占绝对优势地位。因为有对保险条款的充分理解，保险人在拟制保险合同条文的时候已经做了充分研讨，而投保人在投保时往往经受不住保险代理人的百般游说，匆匆签订合同。而发生保险事故时，投保人和保险人在对合同条文的理解上经常产生分歧，从而引发大量的保险纠纷。因此，对于投保人或者被保险人来说，在签订汽车保险合同时遵循必要的保险原则，认真阅读保险条款，懂得保险合同的订立、生效与变更等知识，就显得尤为重要。

一、汽车保险合同订立的当事人

> **案例引入**
>
> 　　赵先生是一位白领，由于平时工作繁忙再加上上班路程太远，于是到一汽丰田某经销店购买了一辆卡罗拉轿车。赵先生通过各种途径了解到某保险公司的产品和服务都好，但是因为工作繁忙，赵先生叫他妻子到该保险公司投保。赵先生的妻子到达该保险公司后，保险公司营销人员告知由于缺少证件，她没有资格为赵先生的车辆投保。在这个案例中，你认为赵先生的妻子有没有资格为该车买保险，赵先生或其妻子在为该车买保险时应该携带哪些证件？

（一）投保人

1. 投保人的资格条件

投保人又称要保人，是对保险标的具有可保利益，向保险人申请订立保险合同，并负有缴付保险费义务的人。

汽车保险的投保人必须具备以下基本条件：

1）具有缴费能力，愿意承担并能够支付保险费。

2）18周岁以上，具有完全的民事权利能力和行为能力的自然人或法人。无民事行为能力或限制行为能力的人签订的汽车保险合同无效。

3）具有投保所在地户口。

4）非本地户口，但在投保所在地工作，有稳定收入和固定居所，必要时能提供有关证明。有关证明指身份证、户籍证明、当地暂住证、劳动用工合同、工商营业执照等。

5）对保险汽车具有保险利益（可保利益）。（必要时能够提供有关保险利益关系证明）。

知识加油站

保险利益

保险利益是指投保人对保险标的具有的法律上承认的与投保人或被保险人具有利害关系的经济利益。财产保险的投保人在投保和索赔时都要有保险利益，人身保险要求投保人在投保时对保险标的具有保险利益。汽车保险合同的有效成立，必须建立在投保人或被保险人对保险车辆具有保险利益的基础上。

汽车保险的保险利益来源于以下几个方面：

（1）所有关系　汽车的所有人对该车具有保险利益，汽车的所有人可以作为投保人和被保险人。

（2）租赁关系　汽车的承租人对所租赁的车辆在租赁期内具有保险利益，在租赁期内可以作为投保人和被保险人。

（3）雇佣关系　受雇佣的人对其使用的车辆具有保险利益，可以作为投保人和被保险人。

（4）委托关系　汽车运输人对所承运的车辆具有保险利益，可以作为投保人和被保险人。

（5）借贷关系　如果汽车作为抵押物或担保物，债权人对该车具有保险利益，可以作为投保人和被保险人。

[想一想]

保险利益（可保利益）原则有什么意义？当被保险人的车辆发生转移和灭失时，被保险人对该车辆是否还具有保险利益？还能否为该车买保险？

2. 投保时所需证件

投保人购买机动车辆保险时，务必带好以下所需证件：

1）驾驶证，驾驶证必须在有效期内。

2）车辆行驶证，车辆行驶证必须在有效期内。

3）续保车辆，需带上年度保单正本。

4）新保车辆，需带齐车辆合格证及购车发票。

5）本人的身份证复印件（户口本）。

6）如果是单位法人的话还需要营业执照复印件。

7）新车保险需要车辆合格证。

（二）保险人

保险人又称承保人，是指与投保人订立保险合同，在保险事故发生时，对被保险人或受益人承担赔偿损失或给付保险金责任的保险公司。

在我国，保险公司采取股份有限公司和国有独资公司的组织形式。设立保险公司的最低注册资本金为人民币2亿元。我国保险公司的业务范围如下：

(1) 财产保险业务　包括财产损失保险、责任保险、信用保险等保险业务。

(2) 人身保险业务　包括人寿保险、健康保险、意外伤害保险等保险业务。

我国保险法规定，同一保险人不得同时经营财产保险业务和人身保险业务，但是，经营财产保险业务的保险公司经保险监督管理机构核定，可以经营短期健康保险业务和意外伤害保险业务。

[查一查]
我国经营汽车保险产品的保险公司有哪些？经营人身保险产品的保险公司有哪些？

二、汽车保险合同订立的程序

汽车保险合同是投保人与保险人约定保险权利与义务关系的协议。汽车保险合同的订立应当遵循公平互利、双方自愿、协商一致的原则，不得损害社会公共利益。除法律、行政法规规定必须保险的以外，保险公司和其他单位不得强制他人订立保险合同。

商业汽车保险合同的订立和其他商业合同一样，采取要约与承诺的方式订立。汽车保险合同的订立经历要约和承诺的程序。

在初次订立汽车保险合同的过程中，通常由投保人提出要约申请，投保人的要约必须采取书面形式即填写保险投保单，投保人填写投保单是汽车保险合同订立的一个必经程序。保险人在接到投保人的要约申请后，如果赞同则签发正式的保险合同。如果保险人对投保人的要约不是完全赞同，而是有修改、部分或者有条件地接受，则不能认为是承诺，而是拒绝原要约，提出新的要约，这时候的要约人是保险人，承诺人则是投保人。由此可见，汽车保险合同的订立有时候要经历一个甚至几个要约和承诺的循环才能够完成。

三、最大诚信原则

（一）最大诚信原则的概念

投保人填写投保单是汽车保险合同订立的一个必经程序。投保单也是保险单的一个重要组成部分。我国商业汽车保险合同订立的基础是诚信。由于保险的特殊性，法律对保险合同诚信的要求超过其他民事活动。保险行业存在严重的信息不对称，而信息不对称会导致道德风险和逆选择。

最大诚信原则是指保险合同双方在订立或履行保险合同时，对于与保险标的有关的重要事实，应本着最大的诚信态度如实告知，不得有任何隐瞒、虚报、漏报或欺诈，同时恪守合同的认定与承诺，否则保险合同无效。

最大诚信原则中所指的重要事实是指那些足以影响保险人判别风险大小，确定保险费率或影响其决定承保与否及承保条件的每一项事实。图1-2-1是最大诚信原则的主要内容。

最大诚信既是对投保人或被保险人的要求，也是对保险人的要求。最大诚信原则要求投保人在投保时做到告知和保证两个方面。

（二）最大诚信原则的主要内容

1. 告知

告知分为狭义的告知和广义的告知。狭义的告知是指合同当事人在订立合同前和订立合同时，互相据实申报与陈述。广义的告知是指合同订立前、订立时和合同有效期内，投保人或被保险人应对已知的或应知的和保险标的有关的重要事实，向保险人作口头的说明或书面的申报。保险实务中所称的告知，一般是指狭义告知。关于保险合同订立后保险标的的危险变更、增加，或保险事故发生时的告知，一般称为通知。

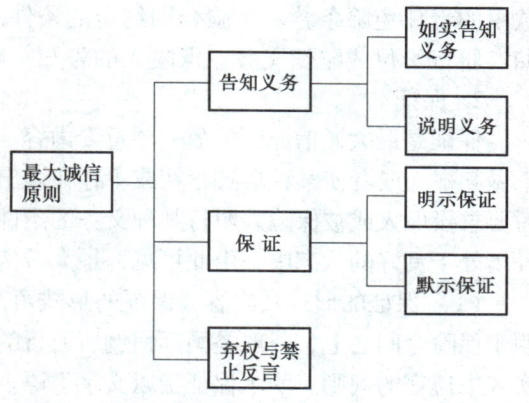

图1-2-1 最大诚信原则的主要内容

告知的形式有询问告知和无限告知，我国采取询问告知的形式。询问告知要求投保人对于保险人询问的问题必须如实告知，对询问以外的问题，投保人没有义务告知。一般操作方法是保险人将需投保方告知的内容列在投保单上，要求投保方如实填写。

（1）投保人告知的内容

1）保险合同订立时，根据保险人的询问，投保人或被保险人对于已知的与保险标的及其危险有关的重要事实作如实回答。

2）保险合同订立时与保险标的有联系的道德风险。

3）涉及投保人或被保险人的一些事实。例如，将汽车保险中汽车的价值、品质、风险状况等如实告知保险人；将投保人或被保险人的年龄、性别、健康状况、既往病史、家族遗传史、职业、居住环境、嗜好等如实告知保险人。

4）保险合同履行过程中，被保险人要将保险标的危险增加、标的转让或与保险合同有关的事项变动等情况告知保险人。

5）被保险人索赔时将保险标的的受损情况、重复保险情况等告知保险人。

（2）投保人未履行或者违反告知义务的法律后果　我国保险法规定投保人未履行或者违反告知义务应承担相应的法律责任。投保人未履行或者违反告知义务的法律后果见表1-2-2。

表1-2-2　投保人未履行或者违反告知义务的法律后果

行为 \ 法律后果	合同	保险费	保险责任
故意未告知	解除	不退	不承担
过失未告知	解除	可以退	不承担
谎称保险事故	解除	不退	不承担
故意制造保险事故	解除	一般不退	不承担
虚报保险事故	不解除	不退	虚报部分不承担

（3）保险人告知的内容　保险合同订立时，保险人要主动向投保人说明保险合同条款内容，以及费率和其他可能会影响投保人做出投保决定的事实。保险人还要明确说明保险条

款中的责任免除条款。保险合同约定的条件满足后或保险事故发生后，保险人应按合同约定如实履行给付或赔偿义务。保险人的告知一般采取明确说明的形式。

2. 保证

保证是最大诚信原则的另一项重要内容。所谓保证是指保险人要求投保人或被保险人做或不做某事，或者使某种事态存在或不存在做出承诺。保证是保险人签发保险单或承担保险责任时要求投保人或被保险人履行某种义务的条件，其目的在于控制风险，确保保险标的及其周围环境处于良好的状态中。由此可见，最大诚信原则中的保证是对投保人或被保险人的要求。

（1）保证的形式及内容　保证的形式可分为明示保证和默示保证。默示保证的内容不载明于保险合同之上，一般是国际惯例所通行的准则，是习惯上或社会公认的被保险人应在保险实践中遵守的规则。明示保证指以文字、语言或其他书面的形式载明于保险合同中，成为保险合同的条款。例如，我国机动车辆保险条款："被保险人必须对保险车辆妥善保管、使用、保养，使之处于正常技术状态。"我国汽车保险合同中对被保险人义务的要求条款就属于明示保证。默示保证与明示保证具有同等的法律效力，投保人或被保险人必须严格遵守。

（2）投保人违反保证的法律后果　投保人违反保证的后果一般有两种，一是保险人不承担或部分承担赔偿或给付保险金的责任，二是保险人解除保险合同。与告知不同，保证是投保人对某个特定事项的作为与不作为的保证，不是对整个保险合同的保证，因此，违反保证条件只是部分地损害了保险人的利益，保险人只应就投保人违反保证部分解除保险责任，拒绝承担保险责任，但不能就此解除保险合同。

3. 弃权与禁止反言

弃权是指保险人放弃其在保险合同中可以主张的某种权利。禁止反言是指保险人已放弃某种权利，日后不得再向被保险人主张这种权利。在实践中，弃权与禁止反言一般用于约束保险人。弃权与禁止反言在约束保险人的同时也维护了被保险人的利益，有利于保险双方权利、义务关系的平衡。

四、汽车保险投保单的填写

（一）汽车保险投保单填写的一般规则

投保单内容是保险合同的重要组成部分。如果投保人填写的投保单不符合要求，保险公司将该投保单作退单处理。因此，投保人在填写投保单之前有必要知道保险公司投保单的一些填写规则。

1）投保单须使用黑色钢笔或黑色签字笔填写。

2）投保单填写一律用简体字，不得使用繁体字和变体字。

3）投保单要求保持整洁，不得随意折叠、涂改和使用修改液，否则视为无效，需更换投保单。

4）投保单填写时应字迹清晰、字体工整、字与字之间保持一定间距。内容要求填写完整、不能有空项，不可遗漏、不能涂改。如有更改，应让投保人或被保险人在更改处签字盖章。

投保人认真填写好投保单并确认无误后，在投保人签章处签章。

（二）汽车保险投保单填写的具体规则

汽车保险投保单主要包括被保险人信息和车辆信息（见图1-2-1），汽车保险投保单的填写必须准确规范，汽车保险投保单的填写要遵循保险公司有关规定，以下是有关汽车保险投保单通用的填写规则。

1）行驶证车主：根据机动车行驶证上"所有人"的名称填写。

2）车辆种类：根据车辆生产地选择国产或进口。

3）本年度投保的其他公司：根据客户提供的上年度保单填写其他公司名称。

4）车牌号码：填写车辆管理机关核发的号牌号码，按照投保车辆机动车行驶证录入。车牌号码由字母和数字组成，一律不添加点、横杠、空格等符号，号牌中所含的字母一律大写，如：新AC8888，WJ011234，使001023、新AAAB123。未上牌照的车辆填写发动机号后六位字母或数字。

5）车牌颜色：保险公司投保单把车牌颜色分为"黑"、"白"、"黄"、"蓝"四种，投保人根据自己的车牌颜色选择。

6）发动机号：根据机动车行驶证上"发动机号码"对应的数字填写，或根据机动车辆检验合格证上的"发动机号码"对应的数字填写，多为八位数。

7）车架号：根据投保车辆的机动车行驶证上的"车辆识别代号"填写，也可根据生产厂商在车架上打印的号码填写，应为17位数。

8）厂牌型号：根据机动车行驶证上的"品牌型号"填写，机动车行驶证上的厂牌型号不详细的，应在厂牌型号后注明具体型号。进口车按商品检验单、国产车按合格证填写，应尽量写出具体配置说明，特别是同一型号多种配置。如：丰田海狮RZH105L-BMNRS，广州本田雅阁HG7230，一汽解放CA1032PL。

9）车辆属性：保险投保单把车辆属性分为营运和非营运，投保人根据机动车行驶证上的"使用性质"，选择对应的属性。

10）车辆类型：根据车辆的吨位、座位数、专属类型选择对应的类型。

11）车身颜色：按照投保车辆车身颜色的主色系在"黑、白、红、灰、蓝、黄、绿、紫、粉、棕"这十种颜色中归类选择一种颜色；多颜色车辆，应选择面积较大的一种颜色；有《机动车登记证书》的车辆，按照登记证书中的"车身颜色"栏目填写。如实在无法归入上述色系中，才可选择"其他颜色"。

12）座位数：根据机动车行驶证上载明的核定载客人数填写。

13）吨位：根据机动车行驶证上载明的核定载质量填写。

14）排气量：根据机动车行驶证上标明的排气量填写。

15）新车购置价：填写投保车辆投保当时新车的购买价，新车购置价可以通过系统内的"精友整车报价系统查询"获得，也可以与客户协商，按协商价格录入。

16）制造年份：填写车辆的出厂年份。

17）初次登记年月：根据机动车行驶证上的"注册登记日期"填写，如果行驶证上的"注册登记日期"与初次登记日期不相符时，要追溯到真正的初次登记日期填写。

18）车龄档次：根据车辆的初次登记年月，计算出车辆的使用年限，并选择对应的档次。

19）固定停放地点：投保人根据投保车辆夜间经常停放地点在投保单上选择对应的选项。

20）VIN编码：根据投保车辆的机动车行驶证上的VIN编码填写。

21）安全装置：汽车保险投保单把车辆安全装置配备分为几种，投保人可同时选择三项装置。

22）防盗装置：投保人根据车辆的防盗装置配备从投保单上选择至多五项装置。

23）玻璃类型：根据车辆投保时安装的玻璃，选择进口或国产。

24）自负优待：车辆投保了自负额优待特约条款的，根据客户选择的自负额选择对应的项值。

25）行驶区域：根据投保车辆的行驶路线和最远行驶区域选择，如果投保人不选择，保险公司默认为中国境内（不含港澳台）。

26）延伸期限：与行驶区域相关联，投保车辆为港澳牌照或者行驶区域涉及境外的，要根据港澳牌车辆在大陆的停留时间和投保车辆的出境时间选择对应的期限，但最长不得超过三个月。

27）号牌种类：根据机动车行驶证上的车辆号牌类型选择。

28）上年赔款次数：续保业务，保险公司可以查询到该数据。新保业务，投保人该选项可不必填写。

29）车辆实际价值：根据投保时的新车购置价和对应的月折旧率计算出投保当时的车辆实际价值。

30）上年承保公司：根据客户上年度投保情况如实选择对应的承保公司名称。

五、保险费

（一）交强险的保险费

交强险即机动车交通事故责任强制保险，是强制性险种，是有车一族必须购买的险种。交强险实行全国统一的保险费率。交强险汽车部分的保险费见表1-2-3。

表1-2-3　机动车交通事故责任强制保险汽车部分保险费（2008版）

车辆大类	序　号	车辆明细分类	保费/元
一、家庭自用车	1	家庭自用汽车6座以下	950
	2	家庭自用汽车6座及以上	1100
二、非营业客车	3	企业非营业汽车6座以下	1000
	4	企业非营业汽车6~10座	1130
	5	企业非营业汽车10~20座	1220
	6	企业非营业汽车20座以上	1270
	7	机关非营业汽车6座以下	950
	8	机关非营业汽车6~10座	1070
	9	机关非营业汽车10~20座	1140
	10	机关非营业汽车20座以上	1320
三、营业客车	11	营业出租租赁6座以下	1800
	12	营业出租租赁6~10座	2360
	13	营业出租租赁10~20座	2400
	14	营业出租租赁20~36座	2560
	15	营业出租租赁36座以上	3530
	16	营业城市公交6~10座	2250

（续）

车辆大类	序号	车辆明细分类	保费/元
三、营业客车	17	营业城市公交 10~20 座	2520
	18	营业城市公交 20~36 座	3020
	19	营业城市公交 36 座以上	3140
	20	营业公路客运 6~10 座	2350
	21	营业公路客运 10~20 座	2620
	22	营业公路客运 20~36 座	3420
	23	营业公路客运 36 座以上	4690
四、非营业货车	24	非营业货车 2 吨以下	1200
	25	非营业货车 2~5 吨	1470
	26	非营业货车 5~10 吨	1650
	27	非营业货车 10 吨以上	2220
五、营业货车	28	营业货车 2 吨以下	1850
	29	营业货车 2~5 吨	3070
	30	营业货车 5~10 吨	3450
	31	营业货车 10 吨以上	4480
六、特种车	32	特种车一	3710
	33	特种车二	2430
	34	特种车三	1080
	35	特种车四	3980

（二）车损险保险费的计算

车损险的保险费 = 基本保费（固定保费）+ 保险金额 × 保险费率

张先生刚买了一辆价值 40 万元的汽车（6 座以下，家庭自用），张先生决定购买车损险、交强险、第三者责任险（保险金额 20 万元）、车上人员责任险、车身划痕险、玻璃单独破碎险等险种。如果张先生在北京投保，那么，按照 C 款投保车损险应交纳的保险费总和是多少？机动车辆保险条款 C 款车损险部分车辆费率（北京）见表 1-2-4。

张先生的车如果在北京投保车损险，则按照表 1-2-4 计算的张先生应缴纳：

车损险的保险费 = 539 + 400000 × 1.28% = 5659（元）

表 1-2-4　机动车辆保险条款 C 款车损险部分车辆费率（北京）

使用性质	车辆种类 \ 车龄	0~1 年		1~4 年		4~6 年		6~8 年	
		基本保费/元	费率（%）	基本保费/元	费率（%）	基本保费/元	费率（%）	基本保费/元	费率（%）
家庭自用汽车	6 座以下客车	539	1.28	508	1.21	513	1.22	523	1.24
	6~10 座客车	646	1.28	609	1.21	616	1.22	628	1.24
	10 座及以上客车	646	1.28	609	1.21	616	1.22	628	1.24

(续)

使用性质	车辆种类 \ 车龄	0~1年 基本保费/元	0~1年 费率(%)	1~4年 基本保费/元	1~4年 费率(%)	4~6年 基本保费/元	4~6年 费率(%)	6~8年 基本保费/元	6~8年 费率(%)
党政机关、事业团体用车	6座以下客车	259	0.86	245	0.81	247	0.82	252	0.84
	6~10座客车	311	0.82	293	0.77	296	0.78	302	0.79
	10~20座客车	311	0.86	293	0.81	296	0.82	302	0.84
	20~36座客车	324	0.86	306	0.81	309	0.82	315	0.84
	36座及以上客车	324	0.86	306	0.81	309	0.82	315	0.84
	2吨以下货车	254	0.98	240	0.92	242	0.93	247	0.95
	2~5吨货车	328	1.26	309	1.19	312	1.20	318	1.22
	5~10吨货车	358	1.38	338	1.30	341	1.31	348	1.34
	10吨及以上货车	236	1.67	223	1.58	225	1.59	229	1.63
	低速载货汽车	216	0.83	204	0.78	206	0.79	210	0.81

（三）第三者责任险保险费

机动车辆保险第三者责任险具有给付性质。我国的机动车辆保险第三者责任险的保险金额有5万、10万、15万、20万、30万、50万和100万元（具体保险费见表1-2-5）。

表1-2-5　机动车辆保险条款C款第三者责任险部分车辆费率（北京）

使用性质	车辆种类 \ 机动车第三者责任险/元	5万	10万	15万	20万	30万	50万	100万
家庭自用汽车	6座以下客车	671	939	1060	1141	1275	1515	1973
	6~10座客车	573	802	905	974	1089	1294	1685
	10座及以上客车	573	802	905	974	1089	1294	1685
党政机关、事业团体用车	6座以下客车	580	812	916	986	1102	1309	1705
	6~10座客车	555	777	877	944	1055	1253	1632
	10~20座客车	663	928	1048	1127	1260	1497	1949
	20~36座客车	911	1275	1439	1549	1731	2057	2678
	36座及以上客车	911	1275	1439	1549	1731	2057	2678
	2吨以下货车	791	1107	1250	1345	1503	1786	2326
	2~5吨货车	1124	1574	1776	1911	2136	2537	3305
	5~10吨货车	1353	1894	2138	2300	2571	3054	3978
	10吨及以上货车	1794	2512	2835	3050	3409	4050	5274
	低速载货汽车	673	942	1063	1144	1279	1519	1979

（续）

使用性质	机动车第三者责任险/元 车辆种类	5万	10万	15万	20万	30万	50万	100万
企业非营业用车	6座以下客车	682	955	1078	1159	1296	1540	2005
	6～10座客车	653	914	1032	1110	1241	1474	1920
	10～20座客车	779	1091	1231	1324	1480	1759	2290
	20～36座客车	1007	1410	1591	1712	1913	2273	2961
	36座及以上客车	1007	1410	1591	1712	1913	2273	2961

六、投保人在保险公司承保前变更投保单的处理

投保人在公司同意承保前要求变更投保要约的（不得变更投保人、被保险人，如变更投保人、被保险人的作撤单处理，退单退费，重新进单），根据情况分别作如下处理：

1）如变更投保险种、保险金额，须重填投保单，同时在新填投保单上注明原投保单号（客户忘记的，接单人员可协助查询）；

2）其他情况，投保人填写《保险要约内容补充更正申请书》，并签名确认，涉及被保险人权益的（受益人的指定）需要被保险人签名确认。

七、二手车上保险的相关知识

相对来说，二手车上保险没有新车上保险复杂，消费者完全可以自己完成，从而省下保险代理费。

原车保险即将到期，则新车主采取保单要素批改的方式上保险较合算，保险单批改的关键是被保险人与车主。采取保险单批改过户的方式办理二手车保险需要由原来的车主带上保单和车辆过户证明，到原保险单所在的保险公司营销网点办理即可。

如果原车保险还有较长时间到期，那么采取第二种方式，就是申请退保，即把原来那份车险退掉，终止以前的合同。这时只需要缴纳从投保开始到退保这期间的保费，其他的保费保险公司会相应退还。之后，新车主就可以到任何一家保险公司去重新办理一份车险。这种情况下，保险持有人退保时所需要的资料，除了保单还要身份证。

八、特别约定条款

特别约定条款往往是保险合同成立、生效或者保险公司承担赔偿责任的前提条件，但是通常，被保险人在拿到保险单之后，不大会留意保险单中的特别约定条款，因此，由特别约定条款引起的保险纠纷也很多。

课题四 汽车保险合同的生效、变更与解除

近年来，随着我国汽车保险业务的逐步扩大，汽车保险合同纠纷的案例越来越多，其焦点大多集中在保险人与被保险人之间责任的划分和保险公司是否赔偿，保险合同是否成立与生效，以及保险人是否应该承担责任和承担多少责任等问题上，因此，掌握汽车保险合同的

一些基本知识，对解决围绕汽车保险合同的纠纷具有十分重要的意义。

一、汽车保险合同的生效

> **案例引入**
>
> 赵先生拿到了保险公司签发的保险单一个月后，因工作变动，车辆的行驶区域发生改变，这时，赵先生向保险公司询问应该怎么办。如果赵先生的车辆在保险期内发生转让，赵先生又该怎么办呢？

（一）汽车保险合同生效的条件

保险合同是否生效，取决于合同是否符合法律规定的签订合同的要件，具体包括保险合同的主体资格、合同内容的合法性、保险人与投保人意思表示真实以及合同双方约定的其他生效条件等。

（1）主体资格合法　汽车保险合同的主体主要是保险合同的当事人即投保人和保险人。

（2）合同内容合法　保险合同条款必须符合法律规定，这是保险合同生效的基本条件。首先，作为保险标的的汽车必须是合法的，不能是非法所得。其次，保险金额必须合法。汽车保险的保险金额不能超过汽车本身价值，超过部分无效。

（3）保险人与投保人的意思表示真实　汽车保险合同的订立必须建立在当事人自愿的基础上，且双方如实履行了告知义务。

（4）汽车保险合同生效的其他条件　如果保险合同是附条件生效，则保险合同只有在该条件满足后才生效。

（二）汽车保险合同生效的时间

汽车保险合同的生效时间是保险人开始履行保险责任的时间。我国的汽车保险合同期限为一年。我国保险法规定："保险合同成立后，投保人按约定缴纳了保险费后，保险人按照约定的时间开始承担保险责任，保险合同开始生效。"缴纳保险费是投保人的义务。虽然投保人办理了保险手续，但是我国投保人没有按照约定如数缴纳保险费，汽车保险合同也没有法律效力，即使被保险人发生了事故，保险人也有理由拒绝承担赔偿责任。

汽车保险合同的具体生效时间是汽车保险合同的一个重要内容。我国汽车保险合同的生效时间一般从×年×月×日凌晨零时起至次年×月×日的24点止。

> **[特别提示]**
>
> 投保人或被保险人在收到保险公司签发的保险单后，要仔细阅读核对保险合同内容，特别注意合同的起讫时间，保险合同到期时要及时续保。

二、汽车保险合同的变更

（一）汽车保险合同变更的概念

汽车保险合同的变更是指在保险合同期满之前，当事人根据情况的变化，依照法律规定的条件和程序，对保险合同的某些条款内容进行修改或补充。

单元二　汽车保险合同

汽车保险合同一般是一年期的合同,在保险合同的有效期限内,投保人、被保险人或车辆的情况难免发生一些变化,因而投保人或被保险人有变更保险合同的要求。

(二)汽车保险合同变更的形式

汽车保险合同的变更必须采用书面的形式,由合同双方协商一致。可以采用保险人事先准备好的附加条款,或者由保险人在原保险单上批注或者附贴批单,也可以由投保人和保险人双方就保险合同的变更问题签订专门的书面协议书。

保险合同经过变更后,变更部分的内容取代了原合同中被变更的内容,变更内容与原合同中未变更的内容构成了一个新的完整合同,合同双方当事人以变更后的合同履行各自的权利和义务。

(三)汽车保险合同的变更情况

1. 汽车保险合同主体的变更

汽车保险合同主体的变更指保险人的变更或被保险人的变更。当保险人发生破产倒闭、分立或合并时,被保险人可以要求变更保险人。在合同有效期内,被保险汽车发生转让、转卖或赠送时,该车保险合同是否有效取决于被保险人申请批改的情况,如果被保险人提出申请批改,保险人经过审核,签发批单同意,则原汽车保险合同继续有效,如果被保险人没有申请批改,则原汽车保险合同失效。

2. 汽车保险合同内容的变更

汽车保险合同的变更除了主体的变更情况外,更多的情况下是汽车保险合同内容的变更。汽车保险合同的变更有以下几种情况:

1)保险金额的变更,如保险金额的增加或减少;
2)险种的变更,如增加投保某种附加险等;
3)保险车辆使用性质的变更,保险车辆增加或保险车辆危险程度的增加或减少;
4)保险期限的变更;
5)车辆种类或厂牌型号变更。

(四)汽车保险合同变更的流程

汽车保险合同上面载明:"在保险期限内,如果被保险人要变更汽车保险合同的相关内容,则被保险人应当事先书面通知保险人并办理申请批改手续,否则,本保险合同无效。"汽车保险合同变更采取书面的形式。

被保险人办理汽车保险合同变更的程序见图1-2-2。

三、汽车保险合同的解除和终止

(一)汽车保险合同的解除

汽车保险合同的解除是指保险合同生效后、有效期满之前,合同一方当事人根据法律规定或双方当事人的约定行使解除权,从而提前结束合同效力的法律行为。

1. 交强险合同解除的情况

交强险是我国强制性险种,一般情况下,投保人不

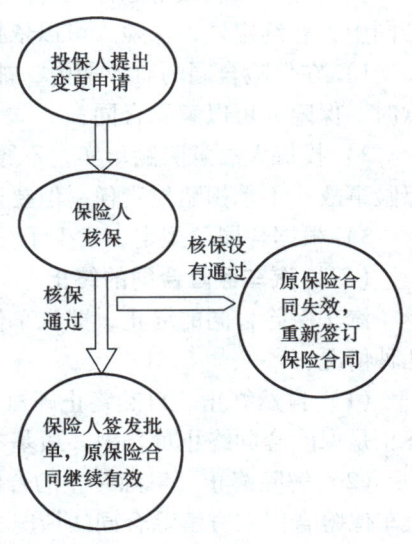

图1-2-2　被保险人办理汽车保险合同变更的程序

得解除机动车交通事故责任强制保险合同,但有下列情形之一的除外:

1)被保险机动车被依法注销登记的;
2)被保险机动车办理停驶的;
3)被保险机动车经公安机关证实丢失的。

交强险合同解除时,保险公司可以收取自保险责任开始之日起至合同解除之日止的保险费,剩余部分的保险费退还投保人。

2. 商业汽车保险合同解除的情况

投保人或被保险人可以在保险责任开始前和保险责任开始后提出提前解除合同。被保险人在保险责任开始后要求解除保险合同的,如果已经发生了保险事故,应该在保险人赔偿之日起 30 天内提出。

（二）投保人解除保险合同的条件

在保险实务中,投保人可就以下原因提出解除保险合同:

1)保险标的灭失;
2)保险合同中约定的保险事故肯定不会发生;
3)保险标的的价值减少;
4)保险标的危险程度明显减少甚至消失。

我国保险法规定:投保人解除保险合同的,合同效力自解除之日起失效。

保险责任开始前,投保人要求解除合同的,应当向保险人支付手续费,保险人应当退还投保人所缴纳的保险费。保险责任开始后,投保人要求解除合同的,保险人可以收取自保险责任开始之日起至合同解除之日期间的保险费,剩余部分保险费保险人应该退还给投保人。

（三）保险人解除保险合同的条件

我国保险法规定:"除本法另有规定或者保险合同另有约定外,保险合同成立后,保险人不得解除保险合同。"由此可见,与投保人相比,法律对保险人行使合同解除的限制相对多一些,并对保险人解除保险合同应具备的法定条件做出了规定。我国商业险保险合同除了合同中另有约定外,保险人可以依据以下法定条件行使合同的解除权。

1)在保险合同的有效期内,被保险人以欺诈等非法手段故意制造保险事故骗取保险赔款时,保险人可以解除合同;
2)投保人故意隐瞒事实,不履行如实告知义务的,保险人对于保险合同解除前发生的保险事故,不承担赔偿责任,但要退还被保险人所缴纳的保险费;
3)根据合同的规定,发生了保险人有权解除合同的情况。

（四）汽车保险合同的终止

汽车保险合同的终止,即汽车保险合同双方权利义务的灭失。汽车保险合同终止有以下几种情况:

（1）自然终止　自然终止即汽车保险合同的期限届满,保险人承担的责任终止。自然终止是保险合同终止最普遍、最基本的原因。

（2）解除终止　解除终止的合同,从解除合同的书面通知送达对方当事人时开始无效。汽车保险合同双方解除合同的情况在前面已经阐述。

（3）义务履行终止　当保险人的赔偿金额达到保险金额时,保险人的保险责任终止,保险合同终止。

（4）协议终止　汽车保险合同有效期内，合同双方当事人协商一致后提前终止合同。车辆所有权发生改变后，被保险人可以提出中途终止保险合同。

课题五　汽车消费贷款

现在，随着中国贷款业的发展和人们对提前消费观念的认同，普通的工薪阶层已经离"住洋房，开跑车"的梦想越来越近了。然而，相较于房贷市场的日益如火如荼，车贷市场在几年前火爆之后迅速转暗，到2005年几乎要从汽车买卖市场绝迹了。不过，汽车贷款毕竟是一块诱人的大蛋糕，经过多年的市场规范，这一市场也逐步成熟，并日渐形成了银行、汽车金融公司以及融资租赁公司三国争霸的局面。

> **案例引入**
>
> 李小姐想通过贷款买车圆自己多年的梦想，但是，她对于汽车消费贷款的相关知识却一无所知，如果你是4S店的汽车销售员，你怎么帮助李小姐解决贷款买车的问题。

一、汽车消费贷款的三种途径

汽车贷款是指贷款人向借款人发放的用于购买汽车（含二手车）的贷款，包括个人汽车贷款、经销商汽车贷款和机构汽车贷款。

贷款人是指在中华人民共和国境内依法设立的、经中国银行业监督管理委员会及其派出机构批准经营人民币贷款业务的商业银行、城乡信用社及获准经营汽车贷款业务的非银行金融机构。

（一）通过银行贷款购车

通过银行取得个人汽车消费贷款是最早的一种汽车消费贷款的模式，现在银行提供的车贷可分为直接贷款和间接贷款。直接贷款是指借款人先去银行申请贷款，银行同意后再去特约经销商处购车。间接贷款是指借款人可先到特约汽车经销商处选购汽车，提交有关贷款申请资料，并由汽车经销商代向银行提出贷款申请。银行经调查审批同意后，签订借款合同、担保合同，并办理公证、保险手续。银行车贷年限一般为3年，最长不超过5年，首付比例为两到三成，利率比汽车金融公司低。

1. 通过银行贷款购车的优点

银行车贷的利率比较低。有些银行为了吸引客户会根据客户的诚信资质，将首付比例降低、贷款年限放长，贷款利率予以下浮等优惠。

2. 通过银行贷款购车的缺点

1）申请手续繁杂，需要购车者提供一系列证明资料以及能够得到银行认可的有效权利质押物或抵押物或具有代偿能力的第三方保证。若为"间接式"贷款，还需持有与特约经销商签订的购车协议或购车合同等。如不是本地户籍还需要担保人，程序相当烦琐，获贷率不高。银行需要担保公司提供担保，审批较慢。一般来讲，须提供的材料包括：本人户口本、身份证、学历证明、房本复印件及居住证明、收入证明原件。

2）各种杂费较多。银行车贷需支付其他多种费用，如担保费、验资费、律师费、抵押费等。

3）审批时间较慢。由于汽车贷款的高风险，银行审批很严格，审批时间约一个月左右。

适合银行贷款方式购车的人群是有本市户口，能提供足够担保，收入较稳定，对贷款时间要求不高的贷款者。

（二）通过汽车金融公司贷款购车

我国的《汽车金融公司管理办法》所称汽车金融公司，是指经中国银行业监督管理委员会批准设立的，为中国境内的汽车购买者及销售者提供金融服务的非银行金融机构。我国的《汽车金融公司管理办法》规定：汽车金融公司名称中应标明"汽车金融"字样。未经中国银监会批准，任何单位和个人不得从事汽车金融业务，不得在机构名称中使用"汽车金融""汽车信贷"等字样。

中国第一家由国家金融机构和国内外汽车生产厂商合资成立的汽车金融公司——东风标致雪铁龙汽车金融有限公司2006年8月23日在北京宣告成立。通用、福特、大众等多个国外汽车巨头相继在我国开办了汽车金融公司。据了解，汽车金融公司首付一般为20%~30%，贷款年限不超过5年。购车者选定打算购买的车型，就可到所属汽车公司的经销商处购买。

1. 通过汽车金融公司贷款购车的优点

1）还款灵活。汽车金融公司一般推出标准信贷和弹性信贷两种贷款方式，适合不同消费人群。①标准信贷也就是传统的汽车信贷方式。在选定车型后，汽车购买者先行支付首付款，余下的贷款金额随后以月付的形式进行偿还，合同到期后，购车者将正式获得汽车所有权，目前一汽财务、国有商业银行、大众金融等外资汽车金融都推出了这样的贷款方式。②弹性信贷也是一种向私人汽车消费者提供的汽车金融产品，它是通过一笔稍高的尾款安排，从而降低月还款压力，同时对尾款有灵活的还付方式的汽车信贷产品，目前大众汽车金融和通用汽车金融均提供这种信贷。

2）手续简便。在贷款条件方面，汽车金融公司贷款比较注重购车者的个人信用，学历、收入、工作等都是其参考标准，而不需像银行那样要质押，外地户籍也不会成为获得贷款的阻碍。一般来说，贷款者须提供的材料为：本人户口本、身份证、房本复印件及居住证明、收入证明原件，银行扣款账户或上月水、电、煤气扣款明细。

3）贷款放贷速度较快，通常几个小时到几天内就可以办妥。

2. 通过汽车金融公司贷款购车的缺点

1）贷款利率较高。很多汽车金融公司提供的汽车贷款都是根据客户的情况为客户量身定做的，大多数汽车金融公司的贷款利率比银行车贷利率高。

2）消费者若提前还款，要支付一定金额的违约金。

汽车金融公司贷款购车的适合人群是收入变化较大，没有本地户口，个人信用良好，资金需求速度较高的贷款者。

（三）融资租赁公司贷款购车

随着车贷市场日益被看好，融资租赁公司也加入进来，向汽车的消费者提供一种先租后买或边租边买的买车方式。目前有一些专门的租赁公司和经销商以及银行联手，通过融资租赁方式卖车。即由银行发放贷款，个人作为租赁者使用，付清贷款后产权归个人所有。

1. 通过融资租赁公司贷款购车的优点

1）首付低，月供低。租买消费可以选择零首付，牌照、保险、购置税、汽车装潢等其他购车费用也能分期付款，对于月收入高的购车者而言压力明显减小。

2）一旦租买金未能按时支付，可商议垫付，购车者不会面临车辆被收回处置的风险。

3）利率低。融资租赁的利率是以银行为参照的，一般为人民银行公布的贷款利率。

2. 通过融资租赁公司贷款购车的缺点

通过融资租赁公司贷款购车具有总支出高，利率下调优惠幅度小的缺点，因此，融资租赁比起银行新推出的车贷产品，总费用可能还要多一些。

适合融资租赁公司贷款购车的人群是资金较少，首付能力较低，没有本市户口，收入较稳定的贷款者。

二、银行贷款购车的流程

目前，我国的汽车贷款消费者可以通过三种途径贷款购车，但是，银行贷款购车仍是汽车消费者的主要贷款方式，因此，主要介绍银行贷款购车的主要流程，其他两种贷款途径在这里不再叙述。

现在，我国各大银行都推出了汽车消费贷款，而且，各家银行在《汽车消费贷款管理办法》基础上都制定有关汽车消费贷款的规定。尽管各家银行制定了自己的有关汽车消费贷款的规定，但是，在我国，汽车消费贷款的流程都是一样的，图1-2-3是我国汽车消费贷款的流程图，可以直观了解到汽车消费贷款的办理过程。

（一）购车者到经办银行或经销商处咨询

贷款购车者要到所选择的贷款银行咨询有关汽车贷款的相关事宜，购车者所要咨询的事项主要有：

1. 贷款人的资格和条件

（1）个人汽车贷款的资格和条件 ①具有完全民事行为能力的自然人；②有当地常住户口或有效居住身份，有固定的住所；③有正当职业和稳定的收入来源，具备按期偿还贷款本息的能力；④持有与贷款人指定经销商签订的指定品牌汽车的购买协议或合同；⑤提供贷款人认可的财产抵押、质押或第三方保证，保证人应为贷款人认可的具有代偿能力的个人或单位，并承担连带责任；⑥在贷款人指定的银行存有不低于首期付款金额的购车款；⑦贷款人规定的其他条件。

（2）法人贷款购车的资格和条件 ①在当地注册登记，具有法人资格的企业、事业单位，出租汽车公司或汽车租赁公司应具有营运许可证；②在工商银行开立账户，并存有一定比例的首期购车款；③信用良好，收入来源稳定，能够按期偿还贷款本息；④提供贷款人认可的财产抵押、质押或第三方保证；⑤贷款人规定的其他条件。

2. 贷款行的贷款利率、贷款期限、还款方式和每月还款额

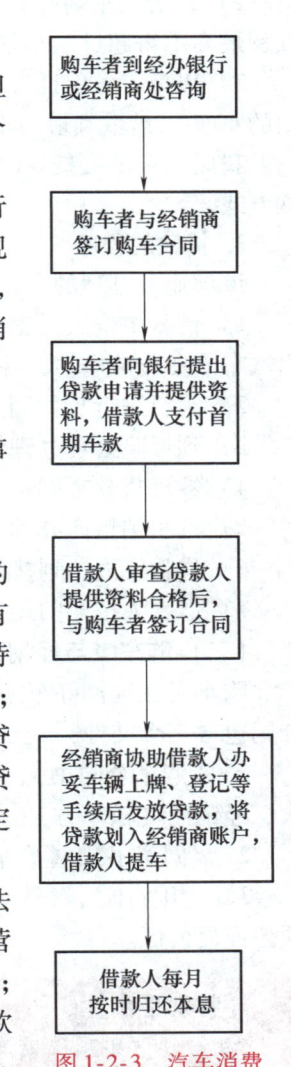

图1-2-3 汽车消费贷款流程

我国《汽车消费贷款管理办法》规定，我国汽车消费贷款期限（含展期）最长不超过5年（含5年），其中，二手车贷款的贷款期限（含展期）不得超过3年，经销商汽车贷款的贷款期限不得超过1年。

汽车消费贷款利率按照中国人民银行规定的同期贷款利率执行。

我国《汽车消费贷款管理办法》规定，贷款人发放自用车贷款的金额不得超过借款人所购汽车价格的80%；发放商用车贷款的金额不得超过借款人所购汽车价格的70%；发放二手车贷款的金额不得超过借款人所购汽车价格的50%。但是，实际实施过程中，各家银行根据汽车消费贷款人提供的担保方式的不同，借款额也作了不同规定：

1）以质押方式（国库券、国家重点建设债券、金融债券、AAA级企业债券、储蓄存单等）申请贷款的，或银行、保险公司提供连带责任保证的，首期付款额不得少于购车款的20%，借款额最高不得超过购车款的80%；

2）以所购车辆或其他不动产抵押申请贷款的，首期付款额不得少于购车款的30%，借款额最高不得超过购车款的70%；

3）以第三方保证方式申请贷款的（银行、保险公司除外），首期付款额不得少于购车款的40%，借款额最高不得超过购车款的60%。

我国汽车消费贷款的还款方式主要有等本金和等利息两种，借款人可以自由选择一种还款方式。

3. 贷款的程序

该项业务办理的全过程，一般要经过以下几项基本程序：

1）借款申请人凭银行认可的与汽车销售商签订的购车合同或协议及有关资料向银行提出汽车消费贷款申请，并存入首期购车款、公证费和保险费；

2）银行进行贷款调查；

3）到保险公司办理保险，保险公司出具保单；

4）签订贷款合同；

5）汽车销售商办理汽车上牌、登记等手续；

6）贷款发放。划拨购车款给汽车销售商，办理提车手续；

7）借款人按期归还贷款本息，贷款本息结清后，解除合同。

（二）购车者与经销商签订购车合同

购车者在选择好车型之后，接下来是与经销商签订购车合同书暨同意书、担保书。购车合同包含三个文件：

1）《购车合同书》，是购车人与经销商签订的正式购销合同。本合同一式五份，购车人、经销商（供车方）、贷款银行、保险公司、公证处各执一份，具有法律效力。

2）《同意书》，《购车合同书》附件，是由共同购车人签署的具有法律效力的同意文书。

3）《担保书》，《购车合同书》附件，是由担保人签署的具有法律效力的文书，此文件须公证处公证。

[特别提示]

填写注意事项：购车合同书由购车人本人签署；同意书由共同购车人本人签署。担保书由担保人本人签署，担保人情况一表如实填写。

（三）借款人向银行提出贷款申请并提供资料，借款人支付首期车款

一般来讲，个人购车者办理汽车消费贷款时需要提交的资料如下：

1）贷款申请审批表；
2）本人有效身份证件及复印件；
3）居住地址证明（户口簿或近三个月的房租、水费、电费、煤气费等收据）；
4）职业和收入证明（可选择提供单位收入证明、存款证明、有价证券、房地产证明或其他收入证明等）；
5）有效联系方式及联系电话；
6）提供不低于规定比例的首付款凭证；
7）贷款担保证明资料；
8）所在地居委会证明。

借款人为企（事）业法人的，须提交已办理年审的《企业法人营业执照》；董事会决议；《法人代表证明书》（或《委托授权书》）；法人代表签字样本（或被授权人签字样本）；上两年年底财务报表、最新财务报表、贷款证等。

课题六　汽车消费贷款保证保险

银行推出汽车消费信贷，帮助千家万户圆了买车梦，保险公司推出汽车消费贷款履约保证保险产品，解除了银行对消费贷款风险的后顾之忧。银行和保险的携手合作，为我国的汽车消费提供了比较完整的风险管理的技术平台和金融服务网络。从 2000 年起，银行与保险公司联手打造汽车消费信贷的"蛋糕"，使得汽车消费信贷不断升温，汽车消费贷款保证保险市场越做越大。汽车消费贷款保证保险业务的大力发展也带动了其他车辆险业务的发展。汽车消费贷款保证保险甚至成为一些保险公司的主要业务增长点，有些保险公司的分支机构的汽车消费贷款保证保险占比有时达到 50% 以上。

> **案例引入**
>
> 李小姐在银行申请了汽车消费贷款后，银行告知李小姐如果要获得贷款必须提供第三方保证。李小姐没有抵押物业、质押物，李小姐从银行了解到可以买个汽车消费贷款保证保险。李小姐欣喜之余也犯愁了，对保险一无所知的她，不知道如何购买汽车消费贷款保证保险。

一、汽车消费贷款保证保险的主要内容

汽车消费贷款保证保险合同系消费贷款保证保险合同的一种，是指由借款人（购车人）投保，以被保险人（金融机构及非金融机构）在汽车消费贷款过程中因被保险人（即购车人，也是借款人）未能如约清偿债务而遭受的损失作为保险标的，由保险人（保险公司）为其提供风险保障的一种保险。

（一）投保人和被保险人

1. 投保人

汽车消费贷款保证保险的投保人为与被保险人签订《汽车消费借款合同》，用贷款购买汽车并以所购汽车作为抵押的中国公民、企业、事业单位等。汽车消费贷款保证保险的投保人应该具有完全民事行为能力、有能力支付保险费，且对所购买汽车具有保险利益。

2. 被保险人

汽车消费贷款保证保险的被保险人是与投保人签订《借款合同》和《抵押合同》，并向投保人提供汽车消费贷款的商业银行或经国家银行业监督管理部门批准经营汽车消费贷款业务的其他金融机构。

（二）保险责任与责任免除

1. 保险责任

当投保人未履行或未完全履行与被保险人签订的《借款合同》所约定的还款义务而由被保险人终止《借款合同》，被保险人根据《借款合同》和《抵押合同》规定行使抵押权处置抵押物，处置所得不足以抵减所欠贷款本息和处置抵押物所需的合理的相关费用时，保险人将根据本保险有关条款规定向被保险人负责赔偿。

2. 责任免除

由于下列原因导致投保人未履行或未完全履行《借款合同》的，保险人不承担保险责任：

1）战争、军事行动、暴动、民众骚乱、恐怖行为、政府征用；

2）因投保人的违法行为、民事侵权行为使其所购车辆及其他财产被罚没、查封、扣押、抵债及车辆被转卖、转让；

3）因所购车辆损坏、损毁或灭失，并且无法得到机动车辆保险的赔偿，致使投保人不履行还款义务；

4）因所购车辆的质量问题致使投保人不履行还款义务；

5）被保险人的过失或故意行为；

6）被保险人与投保人共同的过失或故意行为；

7）投保人以欺诈方式恶意骗取贷款；

8）被保险人未按国家银行业监督管理部门颁布的《汽车消费贷款管理办法》及《贷款通则》的有关规定和送保险人备案的贷款审核标准发放贷款；

9）投保人未在车辆管理部门办妥以被保险人为抵押权人、投保人所购车辆为抵押物的有效、全额抵押登记手续；

10）投保人、被保险人擅自变更《借款合同》的。

另外，由于投保人未履行或未完全履行《汽车消费借款合同》规定的还款义务而致的罚息、违约金，保险人也不负责赔偿。

（三）保险期限和保险金额

1. 保险期限

汽车消费贷款保证保险的保险期限为自《借款合同》项下的贷款发放之日起，至《借款合同》规定的投保人偿清全部贷款本息之日或者《借款合同》履行结束之日止，但最长不超过三年。

2. 保险金额

汽车消费贷款保证保险的保险金额（保险赔偿限额）为投保人与被保险人签订的《借款合同》项下的贷款本金及利息总和（不含罚息及违约金）。

（四）投保人和被保险人的义务

1. 投保人的义务

1）一次性缴清全部保费。

2）必须依法办理抵押物登记。

3）投保人应履行如实告知义务，向保险人提供真实的与签订保险合同有关的资料，并对保险人调查的有关问题做出真实详尽的回答或填写。

4）在未还清贷款前，未经保险人和被保险人同意，不得转卖、转让、转赠所购车辆。

2. 被保险人的义务

1）被保险人应提供其《借款合同》和《抵押合同》文本以及汽车消费贷款管理细则及有关的贷款审核标准供保险人备案。

2）被保险人应严格审查投保人的资信情况。在确认其有偿付能力且资信良好的情况下，按《借款合同》和《抵押合同》约定向投保人发放贷款。被保险人应在《借款合同》签订之前，将向投保人收取的相关证明文件复印件提供给保险人。

3）被保险人应对抵押登记情况及时查验，监督投保人及时办理抵押登记手续，并将有关情况书面通知保险人。

4）被保险人在获得保险赔偿后，应立即将其有关追偿权益书面转让给保险人，并协助保险人向投保人追偿欠款。

5）如投保人未按时偿还贷款时，被保险人应及时进行催讨，并应按约定定期向保险人书面通报逾期还款情况。

二、汽车消费贷款保证保险的订立、生效、解除与终止

汽车消费贷款保证保险的订立与汽车保险合同订立的程序一样，由投保人（购车者）以填写投保单（表1-2-6）的形式向保险公司提出要约申请，保险公司审核后决定是否承保。办理汽车消费贷款保证保险时，投保人要提交以下文件资料：购车人的身份证复印件、驾驶证复印件、购车人的结婚证复印件、购车人的户口本复印件及长期居住证明、待购车辆车型及车价、银行贷款合同（核验）、落户后车辆行驶证正副本复印件、购车发票、购置附加税复印件及机动车辆登记证明书。

汽车消费贷款保证保险合同生效前，投保人必须先与被保险人签订《汽车消费借款合同》（以下简称《借款合同》）和《抵（质）押合同》，并办妥相应的财产抵（质）押登记手续。保险人承担保险责任以投保人向被保险人提供有效抵（质）押为前提。

1. 汽车消费贷款保证保险合同的解除

发生以下情况中的任何一种，汽车消费贷款保证保险合同的任何一方可以解除合同。

1）投保人违反保险法或担保法等法律法规，保险人可以发出书面通知解除合同；

2）被保险人违反国家相关法律法规和消费贷款规定的，保险人有权解除合同；

3）投保人根据国家相关法律法规，提出解除合同；

表1-2-6 某保险公司的汽车消费贷款保证保险投保单

投保人		地址		电话	
被投保人		地址		电话	
共同购车人	本人：	地址： 电话：		身份证号：	
	直系亲属：	地址： 电话：		身份证号：	
担保人：		地址： 电话：		身份证号：	
厂牌型号：			牌照号：		
发动机号：			车驾号：		
购车价格：人民币_____（¥_____） 首期付款：人民币_____（¥_____） 贷款金额：人民币_____（¥_____） 分_____个月，___期还款，每期还款人民币_____元。					
保金额：人民币_____（¥_____） 费率：_____% 保险费：人民币_____（¥_____） 保险期限：自　年　月　日零时起至　年　月　日二十四时止					
特别约定：					
投保人声明上述填写内容（包括抵押清单）属实，同意以本投保单及其附件作为订立保险合同的依据；对贵公司就机动车辆分期付款售车信用保险条款（包括责任免除部分）的内容及说明已经了解并认同；同意自保险单签发之日起保险合同成立。					
被保险人签章： 年　月　日			投保人签章： 年　月　日		

4）投保人未按期足额缴纳机动车辆保险保费，且被保险人未履行代缴义务的，保险人有权解除合同；

5）法律法规规定的其他解除合同的事由。

2. 汽车消费贷款保证保险合同的终止

遇有下列情况之一，则机动车辆消费贷款保证保险合同终止。

1）贷款购车人提前偿还所欠贷款；

2）贷款所购车辆因发生车辆损失险、盗抢险或自燃损失险等车辆保险责任范围内的全损事故获得保险赔偿，并且赔款足以偿还贷款；

3）因履行保证保险赔偿责任；

4）保证保险期满。

注意：投保人如果提前还清贷款，经被保险人证明，可向保险人申请注销本保险单，保险人向投保人退还未满期保险费。退保时，保险人根据实际贷款期间退还剩余保险费。应退保险费按以下公式计算：

单元二　汽车保险合同

应退保险费 = ［1 -（实际贷款期间/原保险期间）］× 实缴保险费

复习思考题

一、单选题

1. （　　）对保险标的不具备保险利益，保险合同无效。
   A. 自然人　　　　B. 投保人　　　　C. 受益人　　　　D. 法人
2. （　　）是投保人为订立保险合同而向保险人提出的书面要约。
   A. 保险凭证　　　B. 投保单　　　　C. 保险单　　　　D. 暂保单
3. 保险合同主体变更即是保险合同（　　）。
   A. 转让　　　　　B. 终止　　　　　C. 中止　　　　　D. 以上都不是
4. 人身保险合同中由被保险人或者投保人指定的享有保险金请求权和领取的人是（　　）。
   A. 保险人　　　　B. 投保人　　　　C. 被保险人　　　D. 受益人
5. 保险人和受益人都是人身保险合同的（　　）。
   A. 权利人　　　　B. 当事人　　　　C. 关系人　　　　D. 辅助人
6. 下列可作为保险利益的有（　　）。
   A. 违反法律规定或社会公共利益而产生的利益。
   B. 精神创伤
   C. 刑事处罚
   D. 根据有效的租赁合同所产生的对预期租金的受益。
7. 保险合同约定的保险事故或事故发生后，保险人所应承担的保险金赔偿或给付责任是（　　）。
   A. 保险赔付　　　B. 保险责任　　　C. 保险给付　　　D. 保险索赔
8. 保险合同期限届满或履行完毕是指（　　）。
   A. 合同终止　　　B. 合同中止　　　C. 合同无效　　　D. 合同解除
9. 汽车消费贷款保证保险的投保人是（　　）。
   A. 汽车销售公司　B. 汽车消费者　　C. 银行　　　　　D. 担保公司
10. 汽车的贷款人不能向（　　）申请汽车贷款。
    A. 汽车销售公司　　　　　　　　　　B. 银行
    C. 保险公司　　　　　　　　　　　　D. 汽车金融（财务）公司

二、多选题

1. 保险合同除具有一般合同的特征人，还具有（　　）等特征。
   A. 双务性　　　　B. 有偿性　　　　C. 诚信性
   D. 附和性　　　　E. 射幸性
2. 保险合同的当事人包括（　　）。
   A. 投保人　　　　B. 被保险人　　　C. 受益人
   D. 保险人　　　　E. 保险代理人
3. 合同的书面形式包括（　　）。

75

  A. 保险协议书   B. 保险凭证   C. 保险单
  D. 投保单   E. 暂保单

4. 保险中介人包括（　　）。

  A. 保险代理人   B. 保险人   C. 保险经纪人   D. 保险公估人

5. 最大诚信原则的内容包括（　　）。

  A. 告知   B. 保证   C. 承诺
  D. 通知   E. 弃权与禁止反言

三、简答题

1. 如果投保人违反最大诚信原则中的告知，将承担怎样的法律后果？
2. 简述坚持保险利益原则的意义及构成要件。
3. 简述当前我国汽车消费贷款及汽车消费贷款保证保险的发展情况。

四、案例分析题

  2009 年 10 月 3 日，A 汽车运输公司为公司一辆"长城"牌汽车向保险公司投保，保险期限为 1 年，保险金额为 3 万元。2000 年 2 月，汽车运输公司将该"长城"牌汽车卖给了个体运输户甲。为省事，汽车运输公司没有到保险公司办理该车的保险合同过户批改手续。同年 3 月中旬，甲开车外出，与他人汽车相撞，致使对方车、人严重受损。甲知道自己所驾汽车曾投过保，遂通知保险公司出险。保险公司因该车保险合同未批改过户，拒绝派人勘查现场。后经交通管理部门处理，甲需赔偿 1.5 万元。于是，甲向保险公司索赔，遭拒绝，遂向法院起诉，要求保险公司履行赔付义务。

  保险公司是否应赔偿？为什么？

单元三　汽车保险理赔基础知识

【学习目标】
1. 掌握汽车保险索赔的流程。
2. 掌握汽车保险理赔的流程。
3. 掌握汽车保险理赔各流程的基本内容。

课题一　汽车保险理赔概述

一、汽车保险理赔的特点

汽车保险的理赔是指保险人接到被保险人的索赔申请，处理被保险人的索赔的过程。汽车保险与其他保险不同，其理赔工作也具有显著的特点。理赔工作人员必须对这些特点有一个清醒和系统的认识，了解和掌握这些特点是做好汽车理赔工作的前提和关键。

1. 被保险人的公众性

我国的汽车保险的被保险人可以是个人、单位、组织、团体等汽车的所有权人、使用人、汽车的管理人员或汽车的保管人等。汽车保险的被保险人是拥有车辆的社会公众。

2. 损失率高但损失幅度小

汽车保险的另一个特征是保险事故虽然损失金额一般不大，但是，事故发生的频率高，保险公司在经营过程中需要投入的精力和费用较大。有的事故金额不大，但是，仍然涉及对被保险人的服务质量问题，保险公司同样应予以足够的重视。另一方面，从个案的角度看赔偿的金额不大，但是，积少成多也将对保险公司的经营产生重要影响。

3. 标的流动性大

汽车的功能特点，决定了其具有相当大的流动性。车辆发生事故的地点和时间不确定，要求保险公司必须拥有一个运作良好的服务体系来支持理赔服务，主体是一个全天候的报案

汽车保险理赔实务

受理机制和庞大而高效的检验网络。

4. 受制于修理厂的程度较大

在汽车保险的理赔中扮演重要角色的是修理厂，修理厂的修理价格、工期和质量均直接影响汽车保险的服务。因为，大多数被保险人在发生事故之后，均认为由于有了保险，保险公司就必须负责将车辆修复，所以，在车辆交给修理厂之后就很少过问。一旦因车辆修理质量或工期，甚至价格等出现问题均将保险公司和修理厂一并指责。而事实上，保险公司在保险合同项下承担的仅仅是经济补偿义务，对于事故车辆的修理以及相关的事宜并没有负责义务。

5. 道德风险普遍

在财产保险业务中，汽车保险是道德风险的"重灾区"。汽车保险具有标的流动性强、户籍管理中存在缺陷、保险信息不对称等特点。同时，汽车保险条款不完善，相关的法律环境不健全，汽车保险经营中的特点和管理中存在的一些问题和漏洞，给了不法之徒可乘之机，汽车保险欺诈案件时有发生。

二、汽车保险理赔的原则

汽车保险理赔工作涉及面广，情况比较复杂。在赔偿处理过程中，特别是在对汽车事故进行查勘工作过程中，必须提出应有的要求并坚持一定的原则。

1. 树立为保户服务的指导思想，坚持实事求是原则

在整个理赔工作过程中，体现了保险的经济补偿职能作用。当发生汽车保险事故后，保险人要急被保险人所急，千方百计避免损失扩大，尽量减轻因灾害事故造成的影响，及时安排事故车辆修复，并保证恢复车辆的原有技术性能，使其尽快投入生产运营。及时处理赔案，支付赔款，以保证运输生产单位生产、经营的持续进行和人民生活的安定。

在现场查勘、事故车辆修复定损以及赔案处理方面，要坚持实事求是的原则，在尊重客观事实的基础上，具体问题作具体分析，即严格按条款办事，又要结合实际情况进行适当灵活处理，使各方都比较满意。

2. 重合同，守信用，依法办事

保险人是否履行合同，就看其是否严格履行经济补偿义务。因此，保险方在处理赔案时，必须加强法制观念，严格按条款办事，该赔的一定要赔，而且要按照赔偿标准及规定赔足；不属于保险责任范围的损失，不滥赔，同时还要向被保险人讲明道理，拒赔部分要讲事实、重证据。要依法办事，坚持重合同，诚实信用，只有这样才能树立保险的信誉，扩大保险的积极影响。

3. 坚决贯彻"八字"理赔原则

"主动、迅速、准确、合理"是保险理赔人员在长期的工作实践中总结出的经验，是保险理赔工作优质服务的最基本要求。

1）主动，就是要求保险理赔人员对出险的案件，积极、主动地进行调查、了解和勘察，掌握出险情况，进行事故分析，确定保险责任。

2）迅速，就是要求保险理赔人员查勘、定损处理迅速、不拖沓，抓紧理赔处理，对赔案要核得准，赔款计算案卷缮制快，复核、审批快，使被保险人及时得到赔款。

3）准确，就是要求理赔人员从查勘、定损以至赔款计算，都要做到准确无误，不错

赔、不滥赔、不惜赔。

4）合理，就是要求理赔人员在理赔工作过程中，要本着实事求是的精神，坚持按条款办事。在许多情况下，要结合具体案情准确定性，尤其是在对事故车辆进行定损的过程中，要合理确定事故车辆维修方案。

理赔工作的"八字"原则是辨证的统一体，不可偏废。如果片面追求速度，不深入调查了解，不对具体情况作具体分析，盲目作结论，或者计算不准确，草率处理，则可能会发生错案，甚至引起法律诉讼纠纷。当然，如果只追求准确、合理，忽视速度，不讲工作效率，赔案久拖不决，则可能造成极坏的社会影响，损害保险公司的形象。总的要求是，从实际出发，为保户着想，既要讲速度，又要讲质量。

课题二　汽车保险理赔流程

汽车保险理赔是指被保险汽车在发生保险责任范围内的损失后，保险人根据保险合同的约定解决被保险人索赔问题的过程。汽车保险理赔工作是汽车保险作用的重要体现，是保险人执行保险合同，履行保险义务，承担保险责任的具体体现。汽车保险理赔具有以下意义：

首先，通过汽车保险事故理赔，被保险人所享受的保险利益得到实现，即如果发生交通事故，并且签订了保险合同，在规定时间内缴纳了一定的保险费用时，事故中所产生的车辆损失、人员伤亡等会得到及时的损失补偿。

其次，通过汽车保险事故理赔，人们生活安定，社会再生产得到保障。交通事故往往伴随着经济损失，汽车理赔能使被保险人心灵得到慰藉，并得到相应的补偿，重建家园，安定生活，对社会稳定发展起到积极的作用。

一、被保险人索赔操作流程简介

车险的理赔是建立在被保险人的索赔的基础之上的，保险公司在接到被保险人的索赔申请后开始理赔，因此，在讲车险理赔之前，有必要学习发生事故后，被保险人索赔的相关知识。车险的索赔也是一个过程，涉及很多环节，而且案件不同，被保险人的索赔程序也不同，以下介绍几个常见事故的被保险人索赔的操作流程。

（一）单方事故索赔流程

单方事故是指不涉及人员伤（亡）或第三者财物损失的单方交通事故。比如车辆碰撞外界物体，自身车辆损坏，但外界物体无损坏或者无需赔偿。单方肇事是最为常见的一类事故，因为不涉及第三者的损害赔偿，仅仅造成被保险车辆损坏，事故责任为被保险车辆负全部责任，所以事故处理非常简单。

1. 报案

车辆发生事故后，车险条款一般要求被保险人在48小时内报案，保留事故现场，并立即打保险公司电话报案。

2. 现场处理

1）损失较小（1万元以下），保险公司派人到现场查勘，并出具《查勘报告》。

2）损失较大（1万元以上），如查勘员认为需要报交警处理，会向交警部门报案，由交警部门到现场调查取证，并出具《事故认定书》。

3. 定损修理

1）车主将车辆送抵定损中心并同时通知保险公司定损。

2）修理厂修车。

3）车主提车。

4. 提交单证进行索赔

收集索赔资料交保险公司办理索赔手续。

（二）多方肇事索赔流程

多方肇事是指不涉及人员伤亡，但涉及第三者财物损失、事故责任明确的双、多方交通事故。比如车辆追尾，后车负全部责任，对方或两方车辆均损坏。或者车辆碰撞防护栏，车辆负全部责任，护栏损坏也需赔偿等事故。

多方事故处理及保险索赔程序如下：

1. 报案

1）事故发生后，保留事故现场，并立即向保险公司报案。

2）如第三方损失为道路设施或者第三方损失为车辆，需向交警部门报案。

2. 现场处理

1）保险公司人员到达现场，并出具《查勘报告》。

2）交警部门到达现场，并现场出具《事故认定书》。

提醒：一般情况下，报案人在向保险公司报案时，保险公司要求被保险人向交警报案时，保险公司人员无需到现场处理。

3. 第三者修理

1）如果第三者为非机动车，则最好要求保险公司人员在进行现场处理时，直接达成三方（第三者、保险公司、车主）公认的一个核损价格，如果当场不能核定损失，则在进行第三者损失核定的时候或者过程中，要求保险公司给出核损价格。

2）如果第三者是机动车，则要分以下两种情况：

①如果第三者同意与车主一同前往车主选定的修理厂进行修理，则当场不必支付第三者任何现金；②如果第三者要求去自己选定的修理厂进行修理，也就是说第三者将与车主去不同的修理厂进行车辆修理时，则第三者可能会因为担心事后找不到车主或者事后车主不认账，因此要求车主在事故现场先支付一部分修理费用，或称押金或定金。

4. 车辆定损修理

1）将车辆送抵定损中心并同时通知保险公司，定损；

2）修理厂修车；

3）车主提车。

5. 提交单证进行索赔

收集索赔资料交保险公司办理索赔手续。

（三）停放被撞索赔流程

车辆停放被撞是车辆在停放过程中，在无人照料的情况下被不明物体碰撞造成车辆受损的事故。比如车辆在停车场停放时被第三方车辆碰撞损坏，但第三方车辆无法找到，对于这类案件保险公司只承担70%的赔偿责任。

车辆停放被撞事故处理及保险索赔程序如下：

1. 报案

事故发生后，保留事故现场，并立即向保险公司报案。

2. 现场处理

保险公司人员抵达现场进行查勘，并出具《查勘报告》，同时根据查勘员要求到派出所或者交警部门开具《事故证明》，无法出具《事故证明》，保险公司不予以受理赔付。

3. 车辆定损修理

1）将车辆送抵定损中心并同时通知保险公司，定损；

2）修理厂修车；

3）车主提车。

4. 提交单证进行索赔

收集索赔资料交保险公司办理索赔手续。

（四）涉及人员伤（亡）的事故索赔流程

涉及人员伤（亡）的事故的索赔程序如下：

1. 报案

车辆发生涉及人员伤亡的事故后，被保险人除了报案外，还要保护好事故现场并对受伤的人员施救，另外被保险人还要带上保险单、行驶证和驾驶证，到保险公司填写《车辆出险登记表》。

2. 交通队结案并开具事故证明

等到受伤者痊愈后，被保险人便和伤者一起去交通队结案。结案时有三件事要做：

（1）分清事故的责任　小的交通事故可以不过细计较责任，反正损失由保险公司来赔偿。大事故或特大事故则一定要据理力争，因为这关系到交通队对您的罚款多少、是否吊扣驾驶证，有时还会涉及是否追究刑事责任。在交通事故中，只要撞了人，驾车一方一般都有一定责任，所要争的是责任的大小。

（2）审查对方要求赔偿的项目　一定要审查对方的赔偿要求是否合理，对于不合理的要求不应该赔，保险公司不会赔，交通队也不会要求赔。审查的依据是《道路交通事故处理办法》，它是交通队处理事故的依据，也是保险公司进行赔偿的依据。关于赔偿项目，可以查看《道路交通事故处理办法》。

（3）赔偿对方损失同时索要有关单证　在肇事双方各自应负的责任和应予赔偿的项目确定以后，就需要向受伤者支付赔款。注意，在向对方支付赔款的同时一定要拿回相关的单证，因为没有这些单证保险公司是不予赔付的。不同的赔偿项目所需要的单证如下：医疗费，需要医院出具的诊断证明、药费收据；误工费，要有医院出具的需要休息养病的证明（可在诊断证明上写清）、对方工作单位出具的误工证明；交通费，需要提供车票；残疾补助费，需要提供残疾证明；死亡补偿费，需要提供死亡证明。

（4）向交通管理部门索要《事故证明》和《经济赔偿执行凭证》　《事故证明》要求写清事故所负责任和赔偿方式。《经济赔偿执行凭证》要求写清具体赔偿项目和赔偿金额。这两个单证在保险索赔时缺一不可。

3. 递交索赔单证

赔偿项目不同，索赔所需要的单证也不相同。一般涉及人员伤亡的事故索赔时需要办齐

《出险通知书》《诊断证明》《医药费发票》《误工证明》《事故证明》《赔偿执行凭证》和《赔款通知书》。

4. 领赔款

被保险人递交完索赔单证后，大约在一星期之后（一般不超过 10 天），会接到保险公司的领赔款通知，之后被保险人就可以带上身份证明和《车辆出险登记表》到保险公司领取赔款了。

二、汽车保险理赔流程

汽车事故的理赔是一个过程（见图 1-3-1），主要包括以下环节：

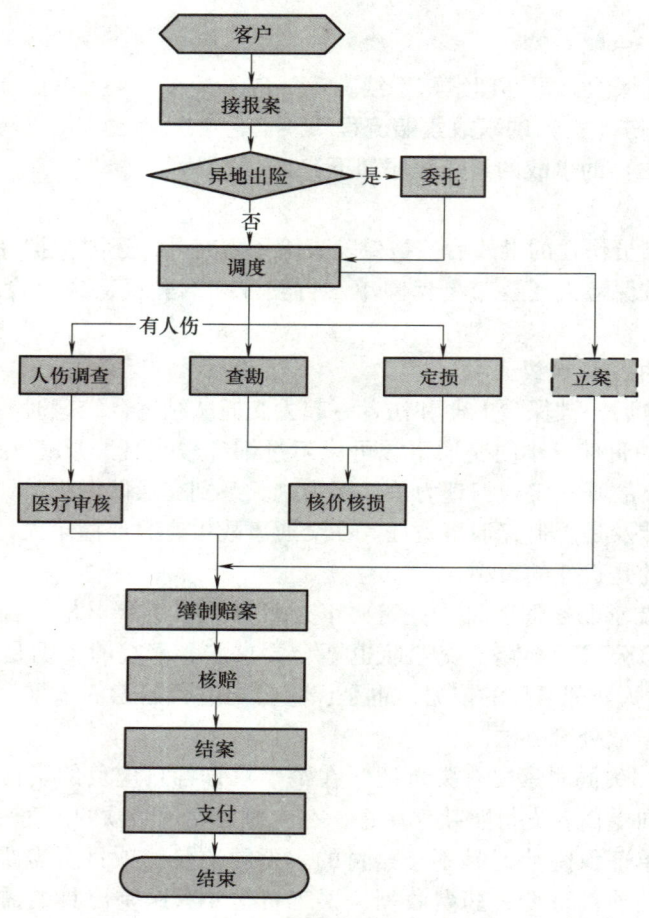

图 1-3-1　某保险公司汽车保险理赔流程

1. 接报案

汽车发生事故后，车主除了要拨打 122 报警外，还要拨打保险公司的报案电话，并保护好事故现场。当然，现在报案的方法除了电话报案外，还可以上门、通过保险代理人、上网等方式，但是电话报案是现在最简单、快速的报案方式。

接报案人员接到报案人员的电话后，要登记客户保单号码、出险驾驶员、出险时间、出

单元三 汽车保险理赔基础知识

险地点、事故原因、报案人的联系方式等。并向被保险人或者受害人询问有关情况,告知被保险人或者受害人具体的赔偿程序等有关事项。涉及人员伤亡或事故一方没有投保交强险的,应提醒事故当事人立即向当地交通管理部门报案。保险人应对报案情况进行详细记录,并录入业务系统统一管理。

2. 调度

理赔环节的接报案的下一环节就是调度,调度员收到接报案人员的信息后要通知查勘员进行现场查勘,需要救援的要告知救援合作单位对事故车进行救援服务,另外调度员还要负责受理代查勘案件的派工处理和回复,负责对外代查勘案件的委托、协调、跟踪处理以及核实案情等。

3. 现场查勘定损

车险理赔调度的下一环节就是定损员对事故车进行现场查勘定损。现场查勘定损是确定损失原因和损失大小的重要环节,除非特殊案件和特殊原因,90%的事故都需要经过现场查勘定损,但是,保险公司对事故车进行现场查勘和定损并不表明保险公司会对车辆赔偿。

保险人在接到客户报案后,有责方车辆的保险公司应进行查勘,对受害人的损失进行核定。无责方车辆涉及人员伤亡赔偿的,无责方保险公司也应进行查勘定损。

4. 核损

车险理赔的核损就是在查勘员看完案件后查看报案信息、保单信息、查勘信息。在有异议的情况下核损员会核价退回,退回的案件需要查勘员重新查勘。无异议就直接录入核损意见。

核损的意义在于,是车险理赔风险控制的核心环节并对查勘进行监督管理和复勘工作。

核损员核完案件后,客户就要把所需要的索赔单证交到保险公司。

5. 核赔

车险核损后的环节就是核赔。核赔员的主要任务就是解决以下三个问题:案件该不该赔、赔多少、赔给谁。核赔人员的第一步是根据客户提交来的索赔单证,和系统上的出险信息表、保单、系统估损单及照片,核对客户出险信息是否有出入,所保险种是否能予以理赔,根据事故证明判断事故是否属实,维修发票是否真实,驾驶证及行驶证是否过期等;第二步是核赔人员需检验理算人员输入的赔款金额是否有误,赔款方式是否有误。

6. 理算

车险理算是指核赔人员确定案件没问题,能予以理赔后,理算人员在理算界面录入赔偿金额及客户所需的赔款方式,最终确定各险种的赔偿金额的过程。

7. 赔付结案

(1) 结案登记 赔案按分级权限审批后,业务人员根据核赔的审批金额,填写《机动车辆保险领取赔款通知书》,并将赔案编号填写在赔款计算书上。然后通知被保险人领取,理赔内勤须打印赔款收据,赔款收据加盖公司"理赔专用章"后即视作财务可支付状态,赔款收据转交财务部后,财务人员即可支付赔款。在被保险人领取赔款时,业务人员应在保单正、副本上加盖"×年×月×日出险,赔款已支付"字样的条形印章。被保险人领取赔款后,业务人员按照赔案编号,录入《保险车辆保险已决赔案登记簿》,同时在《机动车辆保险报案、立案登记簿》备注栏中注明赔案编号与日期,作为续保时是否给付无赔款优待的依据。

（2）单据清分　赔付结案后，应进行理赔单据的清分。一联赔款收据交被保险人；一联赔款收据连同一联《机动车辆赔款计算书》或《机动车辆保险赔案审批表》交财会部门作为已付款的凭证；一联赔款收据和一联《机动车辆赔款计算书》或《机动车辆保险赔案审批表》连同全案的其他材料作为赔案案卷。

（3）案卷管理　理赔案卷必须一案一卷进行整理、装订、登记、保管。案卷要做到单证齐全、编排有序、目录清楚、装订整齐。归档案卷要按赔案号整齐放入，由专人保管，注意防火、防潮、防虫蛀，确保理赔案卷的安全可靠。

复习思考题

一、简答题

1. 汽车保险理赔的特点有哪些？
2. 写出汽车发生事故后，被保险人索赔流程。
3. 保险公司定损时，被保险人为了维护自己的权益，要注意哪些事项？
4. 试写出汽车保险理赔的流程。

二、案例分析

2009年9月2日，某运输有限公司将秦某挂靠的蒙A牵引车、蒙B挂车向保险公司投保了车损险、商三险、车上人员责任险。保险合同载明，该运输公司为投保人和被保险人。2010年3月15日，秦某雇佣的驾驶员袁某驾驶被保险车辆与蔡某发生交通事故，造成两车不同程度损坏、两驾驶员受伤的损害后果。经交警部门认定，袁某负事故的全部责任。秦某因本次交通事故遭受的车辆损失费110008元、车辆鉴定费3350元、施救费2568元、垫付给两驾驶员的赔偿款4590.76元，共计120516.76元。事故发生后，秦某要求保险公司支付赔偿金120516.76元。保险公司认为，秦某对事故的损失不具有保险利益，拒绝支付赔偿金。请说出你的观点。

综合任务二 汽车保险理赔实务

项目一　接报案和调度

【学习目标】

1. 掌握保险公司接报案和调度岗位的工作职责。
2. 掌握保险公司接报案和调度的流程及各流程的主要内容。
3. 掌握保险公司接报案和调度实际操作。

活动一　接报案

【活动描述】

2011年12月15日晨，李某驾驶一辆桑塔纳行驶到一弯路时，由于天冷路滑，李某在借道超车时驶入逆行道，造成与迎面而来的拖拉机相撞，拖拉机司机张某受轻伤，张某损失合计达10.8万元，李某的车安然无恙。经公安交通管理部门裁定：李某在此次交通事故中负全部责任。李某在报警的同时，拨通了投保的保险公司的报案电话。如果你是保险公司的接报案人员，你将如何完成李先生的报案工作呢。

【知识准备】

一、接报案的主要工作内容

汽车保险行业竞争激烈。汽车保险产品的价格由保险监督管理委员会统一制定，所以汽车保险行业的竞争主要体现在服务上。各家保险公司为了留住客户、抢夺客户使出浑身解数改进服务效率，比如24小时接报案、24小时定损、24小时出单等。接报案作为汽车保险理赔的第一个环节，其服务效率的高低会直接影响车险理赔工作效率，因此，接报案是车险理赔流程中的一个重要环节，是车险理赔工作的开始。汽车保险的接报案工作人员（保险公司也称座席生）的主要工作内容如下：

1）24小时接受报案人员的报案；

2）根据客户需求提供相关服务；
3）解答客户提出的问题；
4）询问案情并做好报案登记；
5）查询承保、理赔信息；
6）告知报案人员及时向交警报案（包括客户不想报案的情况）；
7）及时上传报案信息。

为了做好接报案工作，公司对于接报案人员一般会提出以下工作要求：接报案人员在上班时间前10分钟做好准备工作，并登录理赔系统；按《电话中心运营管理办法》相关规定，受理各项理赔服务；记录个人工作日志，并将相关问题及时上报反馈给上级领导等。

二、接报案应具备的能力和技能

为了做好接报案工作，要求接报案人员有汽车和保险方面的专业知识、良好的服务态度、为客户解决问题的能力和技能。具体来说就是要求接报案人员具有较好的沟通能力和理解能力。当然，接报案人员也要具备现代办公设备和软件的操作技能。

三、接报案的一般流程及各流程的主要内容

车险接报案是从客户打报案电话开始的，在接到客户的报案电话后，接报案人员要询问客户的情况、查询保险单和理赔信息等。并把报案信息上传到车险理赔系统等。各家保险公司的接报案工作流程虽然有所不同，但是都大同小异，下面以国内某家保险公司的接报案流程图（图2-1-1）来说明接报案流程中各环节的主要内容。

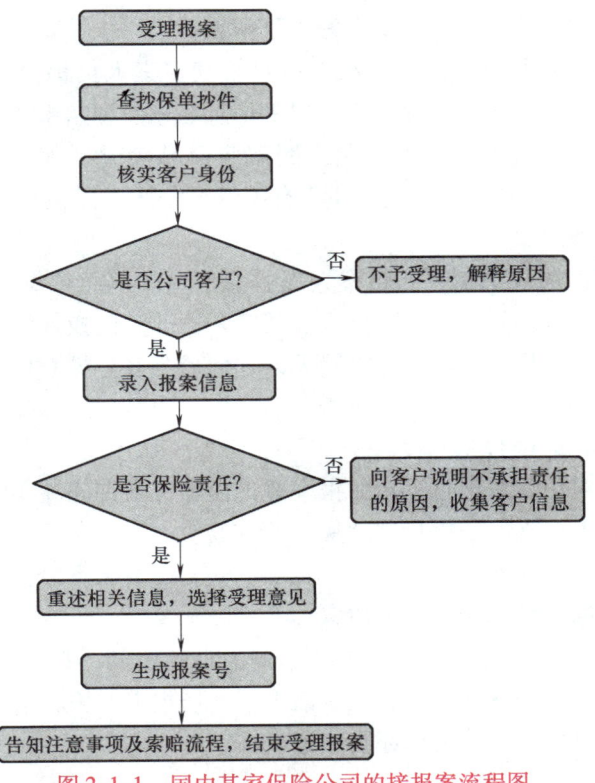

图2-1-1 国内某家保险公司的接报案流程图

（一）登录接报案平台

接报案人员在接到客户的报案电话后，进入车险理赔信息系统的接报案平台（图2-1-2），做好客户报案情况的信息登记，查询客户的理赔和保险单信息等，并及时上传报案信息。

图2-1-2　某保险公司车险接报案平台

（二）查询保单信息

接报案人员在查询保单信息时主要做好以下两点：

（1）询问报案人有关保单信息　接报案人员根据报案人员提供的保险单号码，被保险人名称、车架号码、车牌号码或者发动机号码等信息在车险理赔系统的报案平台查询保单信息。查询是否重复保险，查询事故发生是否距离起保日接近（如是否发生在起保日10日内），查询保单期限内发生事故的次数，并将有关情况告知查勘机构，要求查勘机构在现场查勘时予以进一步调查。

（2）核对理赔系统中保单信息与报案人提供的信息　座席根据报案客户提供的信息查到被保险人的保单，并且仔细核对被保险人交强险和商业险的投保情况及保单号码，在录入报案信息之前确保客户投保的险种信息准确无误，然后与客户核对保单的被保险人、投保险种等信息。

（三）询问案情并录入系统

接报案人员应按照接报案平台提示的报案登记内容逐项询问并实时录入理赔系统，有些保险公司对于接报案人员必问的项目用"★"做了标志。

1. 询问案情

接报案人员主要询问报案人员以下信息：

（1）询问案情要点　案情要点主要包括车辆的出险时间、地点、事故原因及经过，报案人姓名、联系电话，驾驶员姓名、联系电话等，现场损失及施救情况，并告知报案人具体的索赔处理程序和需要准备的有关单证及注意事项。

（2）标的车之外的车辆受损情况。涉及其他车辆的，需尽可能地询问对方车辆的车牌号码、驾驶员、损失情况以及强制保险或商业保险所投保的公司及保单号。

（3）人伤情况　涉及人伤的事故应尽可能地询问伤者人数、姓名、受伤情况、是否送医、医院名称及地址；特别注意伤者身份（行人、本车司机、乘客、对方车上人员）和伤情。

（4）施救费用的情况。车辆损失险负责赔偿被保险人为防止事扩大所花费的合理的施救费用，所以接报案人员要仔细询问报案人员施救措施的采取情况和施救费用的多少。

（5）异地承保车辆在本地出险　出险地接到报案以后，可以直接在车险理赔系统中录入报案，提交以后，及时告知承保地电话中心查看案件情况，做委托处理。

2. 录入系统

接报案人员在向报案人询问案情的过程中，要将信息同时录入系统进行报案登记，如图2-1-3所示。

1）单承保"强制保险"的，在系统录入报案信息后，生成强制保险报案号。如事故中造成第三者财产损失超过强制保险责任限额或涉及人员伤亡的，提醒报案人同时向交警部门和其商业保险的承保公司报案；

2）单承保"商业保险"的，在系统录入报案信息后，生成商业保险报案号；提醒报案人必须向其强制保险的承保公司报案，由强制保险的承保公司首先进行赔偿，如事故损失金

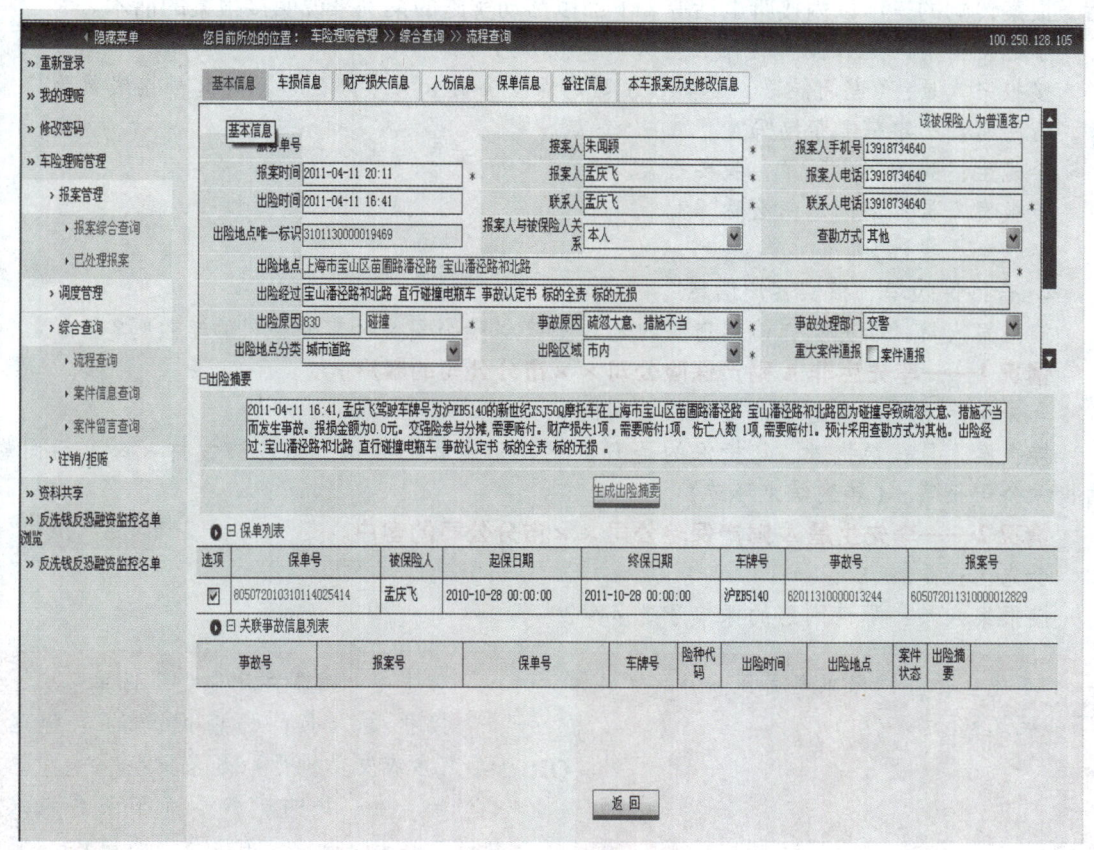

图2-1-3　某保险公司报案信息录入平台

额超过强制保险责任限额,再由商业保险进行赔偿;

3)同时承保"强制保险"和"商业保险"的,在系统录入报案信息,系统同时生成强制保险报案号和商业保险报案号;

4)通过出险地与承保公司的关系,判断是否异地出险(省外或直辖市外)。

注意:如确认事故损失金额不超过强制保险分项责任限额的,可只生成强制保险报案号;如事故不需要赔偿第三方损失的只生成商业保险报案号。

(四)提交案件

接报案人员在案件提交之前,要根据案件发生的情况和客户的需求,选择案件处理的紧急程度。如案件为本地案件,提交案件流转至调度岗,有疑问的案件及时提醒调度岗;如案件为异地出险,需要提醒调度岗进行委托处理。

【活动实施】

"活动描述"中李先生所经历的情况是常见的车辆肇事案件。保险公司的接报案人员在接到李先生的报案电话后,要完成以下工作:

1. 接报案——基本话术(标准普通话)

接报案人员在上岗之前,保险公司都会对他们进行培训,培训的内容主要是接报案的话术,以及接听电话方面的要求等。比如要求接报案人员用标准的普通话接听报案人员的电话,报案铃响的三声以内接听电话等。下面以活动实施的案例来说明接报案的话术。

李先生:请问是A财产保险公司××市分公司吗?

接报案人员:(说问候语)您好,A财产保险公司××市分公司,××号接线员为您服务,请问有什么事需要帮助吗?

李先生:我的车出险了,我要报案。

接报案人员:请问您怎么称呼?

李先生:我姓×。

2. 查抄保险单、核实客户信息

接报案人员:李先生,请问您买的是A财产保险公司××市分公司的车险吗?

情况1——李先生非A财产保险公司××市分公司的客户。

李先生:不是。我这个是B保险公司的。

接报案人员:很抱歉,您投保的是B公司,不是我们公司,您应该拨打××电话向您的投保公司报案。(转到结束环节)

情况2——李先生是A财产保险公司××市分公司的客户。

李先生:是。

接报案人员:那请问您的保单号是多少?

| 李先生:我的保单号是***。(转下一问题) | OR | 李先生:我现在不能提供保单号。
接报案人员:那请问您的车牌号(车架号或发动机号)是多少?
李先生:我的车牌号(车架号或发动机号)是***。(转下一问题) |

接报案人员：请您稍等，我帮您查询一下保单。（查询出保单后需与客户核对保单信息）

接报案人员：耽误您一点时间，和您核对一下保单信息。请问您的被保险人是谁？（请问您的被保险单位是哪里？）

（依据客户叙述，核实被保险人、车型是否与系统内容一致。在确认李先生的出险车辆是本公司承保，或无法确认其一定不在本公司承保，接报案人员均要登录电话中心财险报案系统，录入有关情况并调度查勘（无论是否属于保险责任）。

情况3——客户所述与系统保单信息不符。

接报案人员：抱歉让您久等了！我现在查到您的被保险人姓名（或单位名称）与我们公司系统内登记的保单内容不符，您可以说一下您的车架号或发动机号吗？

李先生：我的车架号/发动机号是＊＊＊。

接报案人员：请问您的车型是什么？

李先生：我的车是＊＊＊。

接报案人员：我在系统中已经查到了您的信息，现在先为您报案，由于您的＊＊＊信息与系统内容不符，请您尽快到出单机构办理一下批改手续。（转下一环节）

OR

李先生：我的车牌号（车架号、发动机号）是＊＊＊。

接报案人员：很抱歉，您所说的内容与我公司系统内登记的保单内容全不相符，请您再核实一下您的保单信息好吗？很抱歉这次没有帮到您。（转到结束环节）

情况4——李先生异地出险（出险地设有公司分支机构）

李先生：我的车出险了。

接报案人员：您的车牌号码是？

李先生：＊＊＊＊。

接报案人员：请问您是在哪里投保的呢？

李先生：＊＊＊。

（转入下一环节，录入出险经过等）

情况5——李先生出险地未设公司分支机构

接报案人员：很抱歉，我们当地还没有开设A财产保险公司的分支机构。请您拨打承保地区号××××向承保公司报案好吗？（转到结束环节）

3. 询问并记录案件信息

接报案人员：请问您是什么时候出险的？

李先生：＊＊＊。

（依据李先生回答判断是否为有效报案时间）

接报案人员：请问您是在哪里出险的？

李先生：＊＊＊＊。

（依据李先生回答判断出险区域及出险地点分类）

接报案人员：请问您的全名是？

李先生：＊＊＊。

接报案人员：请问您的联系电话是多少？方便留下您的手机号吗？这样可以更及时准确

地与您联系。

李先生：****。

情况1——李先生是被保险人本人

接报案人员：请问您是被保险人本人吗？

李先生：是（转下一问题）

情况2——李先生是定损中心工作人员或业务员或其他人

李先生：我不是，我是他的****（朋友或业务员等）。

接报案人员：由于需要进一步与被保险人本人核实有关情况，所以请您留下他的电话好吗？

李先生：***。

（将被保险人电话登在"联系人电话"内，其他联系电话在"报案人电话"中注明，并提醒代报案人）

接报案人员：请问您对当时的详细情况了解吗？为了方便后续理赔，请被保险人自己报案/请您以后让他自己报案，好吗？

（转下一问题）

接报案人员：请问您出险的原因和经过？（您能详细说一下您的出险经过吗？/请问您出险原因？）

李先生：****。

接报案人员：请问这次事故有几辆车受损？

李先生：***。

接报案人员：请问事故是由交警处理的吗？

李先生：***。

（如李先生还未报交警（派出所），应建议李先生尽快报有关部门处理）

接报案人员：请问您现在还在现场吗？

李先生：***。

（依据李先生回答判断是否为现场报案，并作适当指导）

接报案人员：请问事故是否有人员受伤或财产损失？

李先生：***。

（转下一问题）

（依据李先生回答判断出险原因、事故原因并详细了解损失情况。）

情况1——单方事故

接报案人员：请问车辆驾驶员是谁？驾证号码是多少？

李先生：****。

接报案人员：请问您的车辆哪些部位受损？

李先生：****。

（转下一问题）

情况2——双方事故

接报案人员：请问对方车辆的车牌号码是多少？

李先生：****。

接报案人员：请问对方车辆种类？

李先生：****。

接报案人员：请问对方车辆的承保公司？

项目一　接报案和调度

＊＊＊＊＊

李先生：＊＊＊＊。

接报案人员：请问对方车辆驾驶员和驾驶证号码？

李先生：＊＊＊＊。

接报案人员：请问对方车辆哪些部位受损？

李先生：＊＊＊＊。

（转下一问题）

OR

情况3——人伤事故

接报案人员：请问本车有几人受伤，是否安排了急救？

李先生：＊＊＊。

情况4——财产损失事故

接报案人员：请问有哪些财产受损？损失程度如何？

李先生：＊＊＊＊。

接报案人员：李先生，我跟您核对一下报案情况（核对关键要素即可）。

李先生：＊＊＊。

（提交）

4. 生成报案号并告知客户

接报案人员完成了以上工作后，提交报案信息，报案平台会自动生成报案号。接报案人员要告知客户报案号码以及接下来保险公司的处理内容。

接报案人员：李先生，您的报案已记录，稍后我们会将报案号发至您的手机，并安排查勘人员与您联系，请您保持手机畅通。

李先生：请问查勘人员什么时候会与我联系？

接报案人员：李先生，我会马上通知查勘人员，他将在×分钟内与您联系。

5. 查勘回访

接报案人员除了要做好接报案的信息登记外，还要就案件的查勘情况向李先生进行回访。

接报案人员：您好！这里是A财产保险公司××市分公司，请问您是李先生吗？

李先生，您好！我是A财产保险公司××市分公司客服代表，我是××。

接通李先生的电话后，接报案人员主要就以下问题询问李先生：

1）请问您于××时间报过案是吗？

2）我们的查勘人员是否到达现场为您查勘？

3）我公司查勘人员是在您报案后的多长时间内到达的事故现场？

4）我公司查勘人员是否向您交代清楚办理索赔的流程？

以上问题结束后，接报案人员最后还要就李先生对公司查勘人员的服务态度是否满意做一个调查。

5）您对我公司查勘人员的服务是否满意？（可用：非常满意，满意，一般，不满意，

非常不满意供客户选择）

最后，接报案人员一般以以下话作为结束语：李先生，感谢您接受我的访问，如果有任何问题请随时拨打我们的24小时热线电话×××××，祝您行车安全！再见！

【活动描述】

活动一中李先生报案后，接报案人员记录事故基本情况后，上传报案信息，该信息即进入到理赔下一环节；作为待调度案件。调度人员进入车险理赔调度平台查勘待调度案件情况，根据事故发生地联系查勘定损员定损。如果你是保险公司的调度人员，你将怎样完成这项工作呢？

【知识准备】

车险理赔接报案的下一个流程就是调度。调度员收到接报案人员的信息后要通知查勘员进行现场查勘，需要救援的要告知救援合作单位对事故车进行救援服务。另外调度员还要负责受理代查勘案件的派工处理和回复，负责代查勘案件的委托、协调、跟踪处理以及核实案情等。调度的效率会影响车险理赔的速度。

一、调度派工的工作内容及工作要求

1. 调度派工的工作内容

车险调度派工的主要工作内容如下：

1) 对案情进行分析，必要时再次向报案人员询问现场损失情况；
2) 调度理赔人员对案件进行现场查勘、定损、人伤调查等处理；
3) 调度救援合作单位进行救援服务；
4) 负责受理代查勘案件的派工处理和回复，负责对外代查勘案件的委托、协调、跟踪处理；
5) 对接报案岗、查勘岗工作质量进行监督、反馈。

2. 调度派工的工作要求

为了做好车险的调度派工工作，保险公司对车险调度员一般会作如下要求：

1) 以客户服务为导向，尽可能满足客户的理赔服务需求；
2) 根据理赔人员工作技能及所处的位置，合理分派案件；
3) 在接到案件后，必须按公司规定时效及时进行调度派工。

二、调度派工的操作流程

车险理赔中的接报案结束后的下一流程就是调度派工。调度派工是指发生事故后，调度员指派查勘定损员到事故现场查勘与定损的过程，图2-1-4是调度派工的整个流程。

1. 查找待调度案件，实时并打印"机动车辆保险报案记录（代抄单）"

各级调度人员在接到调度通知后要在规定时间内从理赔系统中查询报案记录并与客户取

得联系、核实案情、补充报案信息、指导客户正确施救，并同时打印出"机动车辆保险报案记录（代抄单）"。

对属于保险责任范围内的事故和不能明确确定拒赔或需要取证后才能拒赔的案件，应根据案情确定事故现场查勘或处理的方式，确保事故第一现场证据资料的合法性、完整性和准确性。与客户初步约定查勘地点和查勘时间，同时立即通知查勘人员赶赴现场，进一步了解有关事故情况。

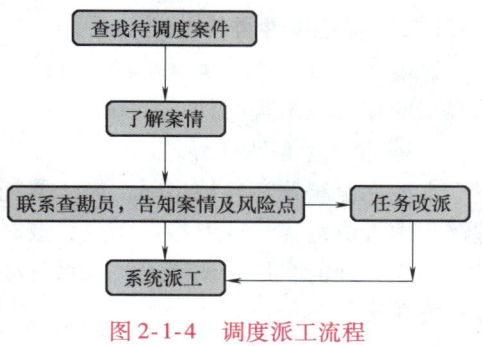

图2-1-4　调度派工流程

2. 联系查勘定损员、告知案情及风险点

与报案人联系约定定损的时间和地点。如果涉及第三者损失的赔偿，要告知报案人和第三者车辆的驾驶员，由第三者车辆的驾驶员通知第三者车辆强制保险的承保公司一同到达约定的地点定损。

调度员要把"机动车辆保险报案记录（代抄单）"交给查勘人员，由现场查勘人员进行现场查勘。同时将报案信息通知承保部门有关人员，以便其决定是否参加现场查勘工作。对需要提供现场救援的案件，应立即安排救援工作。

客户在事故第一现场报案的，应尽快安排理赔人员赶赴第一现场查勘。

三、不同案件的调度处理

（一）本地案件调度处理

对于本地案件，第一时间根据报案信息对案件进行分类，必要时与客户再次取得联系进一步确认出险详情，完善损失信息，再根据具体情况对客户进行应急处理指引并及时调度理赔人员进行处理。

对于客户现场报案的，属公司规定必须现场查勘的案件，调度要通知查勘员进行现场查勘；客户不是现场报案的，可根据案情调度查勘员或定损员对案件进行处理，派工时提醒查勘要求，有必要的可提醒复勘现场或到事故处理部门核实情况。涉及人伤的案件根据案情判断是否需要人伤调查，对人伤调查员进行派工；需救援的事故，和客户沟通是否需要我公司协助安排救援，需要的及时调度救援合作单位进行援助，并在备注栏或机构自行建立的《救援登记表》上登记救援单位、被救援车牌号等。

调度人员通过系统调度案件的同时，需电话核实派工。对于被调度人员没有条件通过系统获取被调度信息的（如在外执行其他任务的），要告知被调度人员事故车辆的保单要素、报案信息及查勘注意事项。有条件的可将保单要素、报案信息等通过各种方式发送给被调度人员。

调度之前要按照案件处理的紧急程度进行分类，优先调度紧急程度高的案件。调度时要了解被调度人员当前所处位置以及通过系统查看其当前的工作量，保证科学、合理地分派任务。发现调度有误的案件，及时进行改派处理。遇到被退回的案件要及时了解退回原因，快速实现再调度处理。派工信息录入系统，一案多任务多人处理时要明确注明案件立案责任人。

注：被调度人员退回案件之前必须和理赔管理人员或团队长沟通，确认可以不受理该案，并在系统中注明退回原因。

（二）异地案件委托处理

异地案件分为本地承保车辆在异地（省外或直辖市外）出险和异地（省外或直辖市外）承保车辆在本地出险两种。

1. 本地承保车辆在异地出险

本地承保车辆在异地出险，属于委托异地的案件。此类案件需要调度人员及时和本机构理赔管理人员沟通，获取指导信息，及时进行系统内委托处理。

委托异地的案件，调度人员在系统委托后要及时进行电话跟踪确认，保证被委托方能迅速对委托案件进行处理。

2. 异地承保车辆在本地出险

异地承保车辆在本地出险，属于异地委托案件。异地委托的案件，应在第一时间和客户联系，了解异地客户在本地出险的情况，及时进行调度派工，保证异地委托案件优先处理。

在案件处理过程中注意收集外勤人员反馈的信息，当出现超权限情况，及时和承保地沟通，获取对方的指导意见以及后续的处理权限。

注：异地案件的处理需要调度人员做好出险车辆承保方与案件处理方之间的协调沟通、信息反馈、跟踪处理工作。

（三）全车盗抢险案件调度

调度人员接到全车盗抢险案件的通知后，应指导客户迅速到当地县级以上公安刑侦部门报案，同时安排查勘人员进行事故现场查勘，并做好笔录。

（四）重大案件调度

对于重大案件，调度人员必须询问损失情况及估计损失金额。对于重大恶性事故或损失较大（一般估损金额在10万元以上）及涉及人员伤亡的事故，调度人员应进一步详细了解案情，对暂时无法了解清楚的情况，告知客户进一步落实后在30分钟内补报。

另外，调度人员在接到重大案件报案通知后10分钟内，应将有关情况及时向客户服务中心主管领导汇报，以便及时进行处理，有效控制风险或避免损失扩大。

【活动实施】

一、调度派工

1. 找待调度案件，和客户联系

调度员先登录车险理赔系统，查找待调度案件，根据事故地点安排查勘定损员，告知查勘定损员事故的基本情况，确定现场查勘的人员，然后和客户李先生联系。以下是调度员和李先生的对话。

调度员：李先生，您好，我是A财产保险公司××市分公司的调度员×××，我公司已经接到您的报案，接下来会为您安排查勘员到现场查勘，请问您能否保留事故现场。

李先生：可以。

调度员：我们马上为您安排查勘人员，他将主动和您联系，请您保持联系电话畅通。

李先生：不可以。（如果李先生不能保留事故现场）

调度员：我们推荐您去就近的定损中心查勘。（应注重提倡查勘，特别是第一现场查勘）

情况1——如果李先生同意去定损中心定损。
调度员：该定损中心的地址在＊＊＊＊＊＊＊＊＊＊，电话是＊＊＊＊＊＊，您可以直接把车开过去。
李先生：好的。
调度员（结束语）：请问还有什么可以帮您？
李先生：没有了。
调度员：很高兴为您服务，再见！

OR

情况2——如果李先生不同意到定损中心，想到自己指定的汽修厂修车。
调度员：您可以到自己的汽修厂去修车，到定损中心只是帮您核定一下损失。
李先生：好的。
调度员（结束语）：请问还有什么可以帮您？
李先生：没有了。
调度员：很高兴为您服务，再见！

OR

情况3——如果受损车辆不能开到定损地点。
调度员：请问您的车还能开吗？
李先生：不能。
调度员：那我们联系车辆施救方帮您拖车好吗？
（如果李先生同意）
调度员：请您稍候，我们这就帮您联系。去之前，他会先跟您联系的。
李先生：好的。
调度员（结束语）：请问还有什么可以帮您？
李先生：没有了。
调度员：很高兴为您服务，再见！

2. 联系查勘定损员、告知案情及风险点

调度员和李先生就有关查勘的事项和李先生沟通后，接下来调度员根据派工方案联系查勘员或二级调度员，并告知其案件的基本情况和案件的风险点。

电话通知查勘定损（含二级调度的情况）
调度员：您好，我是＊＊＊＊＊＊＊＊＊＊号。有案子需通知您（您公司安排人员）到现场查勘。[有案子需通知您（您公司安排人员）到＊＊＊＊处定损]。
查勘员：＊＊＊。
调度员：请您记录事故地址。（请您记录定损车辆地址）。
查勘员：＊＊＊。
调度员：请您记录事故车的车型。（请您记录定损车辆车型）。

查勘员：＊＊＊。
调度员：请您记录事故车的车牌号码。（请您记录定损车辆的车牌号码）。
查勘员：＊＊＊。
调度员：请您记录联系人姓名。
查勘员：＊＊＊。
调度员：请您记录联系人电话。
查勘员：＊＊＊。
调度员：请问怎么称呼您？
查勘员：＊＊＊。
调度员：请您（您公司）尽快与客户联系，谢谢您！再见！

3. 按照系统界面录入相关信息，发送至查勘平台

调度人员联系查勘人员后，将该案件任务调到负责案件查勘的查勘平台实施系统派工，以便查勘人员对案件进行后续处理。

如果由于客观原因使查勘员无法查勘，调度人员应及时安排其他查勘人员处理，同时在理赔系统的调度平台完成任务的改派。

二、调度派工后案件的跟踪反馈

调度人员落实好查勘员查勘后，要主动联系李先生告知查勘人员到达的情况。以下是详细内容。

调度：您好，我是A财产保险公司××市分公司的调度员＊＊＊＊＊＊＊＊号，我公司的查勘（定损）人员已经派出，估计××分钟后可以到达，请您保持联系方式的畅通，他们马上会与您联系！

调度人员和客户联系后，如果答复客户估计到达时间内未接到查勘定损员反馈，应电话与客户联系。

调度员：您好！这里是A财产保险公司××市分公司＊＊＊＊＊＊＊＊专线，请问我们的查勘（定损）人员到了吗？

情况1——如果到了，且已完成查勘定损，转入回访调查环节。
情况2——如果没到。
调度员：真对不起，让您久等了！请问他与您联系了没有？

情况2.1——没联系
调度员：对不起，因为今天事故现场较多，查勘（定损）人员正在处理另一个现场，您原先的查勘员正在处理一个复杂的案件，可能会费时较多，我帮您查询一下在您附近有无其他查勘员，重新给您安排一位查勘员。

OR

情况2.2——已联系
调度员：（问明查勘人员与客户交流内容，如果查勘人员没有特殊理由）对不起，查勘人员正在往您所在位置行驶，因交通阻塞（或"因未能找到您确切的位置"）没能及时赶到，这里向您表示歉意！请您再耐心等一会儿！（如果没有交通阻塞的可能，则以事故现场确切位置理由解释，同时再次询问客户事故现场确切位置）。

项目一 接报案和调度

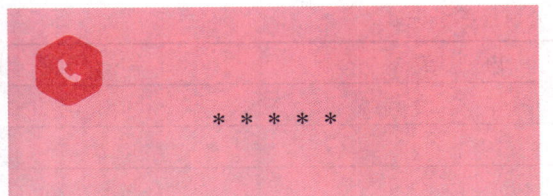

＊＊＊＊＊

（立即与查勘（定损）人员再次联系，问清原因，告知李先生所在位置及焦急等待的心情，要求其与李先生及时联系！）

项目小结

车险接报案和调度是车险理赔流程中的第一、二环节，主要是接听客户的报案电话、联系定损员进行现场查勘和查勘情况的信息反馈。车险接报案和调度的效率决定了车险理赔的效率。因此，为了保证理赔工作的顺利进行，接报案人员和调度员要有高度的责任心，在接到报案后及时告知查勘定损员到事故现场查勘。

现在，每个保险公司对调度员都有严格的管理，从接报案员和调度员的工作职责，到接听电话的话术，尤其是对接报案员和调度员话术要求越来越严格。因此，学校的教学应与企业的要求结合起来，本项目的主要内容就是接报案员和调度员话术的学习和掌握。本项目以具体的案例讲解对于被保险人的不同情况，接报案员和调度员应该采用什么样的语言。特别是在活动实施部分，本项目截取的是保险公司具体的案例，也即把行业内的真实案例搬运到课本上，让学生更直观地学习车险接报案和调度话术的运用。

复习思考题

一、简答题

1. 接报案工作的主要内容是什么？
2. 报案的方式有哪些？
3. 写出被保险人的索赔流程，并完成盗抢险的索赔流程。
4. 调度派工的主要工作职责是什么？
5. 双代案件如何完成调度派工？

二、请根据以下案例信息，完成报案登记表 2-1-1。

2011年4月22日0时50分许，××保险公司山东分公司报案专线接到蒋某（非被保险人本人1300135×××）报案称其驾驶的唐某所有的出租车行驶至市区××路与××街交汇处时，因躲避轿车撞坏路口交通信号灯杆，造成两人受伤，车辆与交通信号设施损坏。该车投保了公司的车损险，保险期限为2010年6月30日至2011年6月29日，具体投保的险种有：8.6万元的车损险、5万元的第三者财产损失险、10万元的第三者人身伤害责任险、5万元的乘客伤害责任险、72500元的全车盗抢险。接到报案后，专线立即调度××保险山东临沂中心查勘员赶赴事故现场查勘。在案发现场，查勘员仔细查勘事故损失情况，拍摄了反映事故损失情况的照片，留取了驾驶员签字确认的事故笔录，并将受伤的乘客送往就近医院治疗。

汽车保险理赔实务

表 2-1-1 ××保险公司报案登记表

项　　目	内　　容		
报案人姓名			
报案人身份			
报案时间	年　　　　月　　　　日		
联系方式	电话：　　　　　手机：　　　　　电子邮箱：		
事故发生时间	年　　　　月　　　　日		
事故发生地点			
被保险人基本信息	姓　　名		
	身份证号码		
	电子保单号码		
事故简单过程			
理赔方式			
接报案工作人员	姓名：　　　　　　　　　　　　电话：		

项目二 事故汽车的查勘定损

【学习目标】

1. 熟悉汽车现场查勘的工作内容；
2. 掌握现场查勘所需要的知识和技能；
3. 掌握现场查勘的基本流程及流程中各环节的主要内容。

【活动描述】

报案号：RDDH201231990003380215 该案件为被保险人王某所持有的别克SGM7246ATA，车牌号码沪××××，于2012年4月17日11小时35分与一辆出租车相撞，事故造成标的车、三者车（出租车）受损，两车均需理赔。如果你是查勘定损员，接到调度电话后，你将怎样完成该案件的查勘定损？

【知识准备】

汽车保险现场查勘又称为汽车保险意外事故现场调查。汽车保险意外事故有自然灾害事故和交通事故（道路交通事故、非道路交通事故）两大类。

汽车保险现场查勘是指保险公司查勘人员在汽车意外事故发生以后，第一时间以事故第一现场（或者第二现场）为中心，根据事故发生的过程，围绕造成事故的原因及后果等问题所进行的一系列调查取证活动，是判断事故原因和确定损失多少的汽车保险理赔的重要环节。

一、现场查勘定损概述

1. 现场查勘定损原则

1) 以修为主、以换为辅，坚持能修不换的定损原则；
2) 以本次事故为限，损失严格限定在本次事故受损范围；
3) 以原厂配置为限，严格区分原厂配置和新增配置（仅限标的车，三者车不受限制）；

4）以实际价值为限，坚持按损失补偿原则核定损失；

5）坚持一次性协商定损为主，修复验车为辅的定损原则。

2. 现场查勘定损标准

1）零部件的修复或更换，一般按照"损坏件能否修复、安全件是否允许修复、工艺上是否可以修复、是否有修复价值"的原则来确定。

2）材料更换依照保险的基本原理"损失补偿原则"确定，具体情况按以下方法确定：

① 一般情况下，涉及安全的配件应更换正厂配件；

② 原则上，在综合类修理厂维修车辆，表面覆盖件建议更换配套零件（符合国家标准）；

③ 如损坏件不是正厂配件，则以配套零件进行更换；

④ 稀有、老旧、高档车型的配件，更换标准应从严掌握。对于一些老旧车型零配件在市场上已无法购买到，定损员可与客户和修理厂协商，采取修理或更换总成方式定损。

3）非功能性配件损坏以修复为主，如客户强烈要求更换必须回收复勘。

3. 定损方法

1）照片拍摄由外至内、由左至右、由表至里、由整体至局部。

2）小额案件（3000元以下）与客户协商现场一次性定损，签字确认不得追加；大额案件尽量一次性确认维修项目，及时确认价格。

3）存在待查拆检车辆对于有疑义的配件应粘贴易碎帖，确认更换与维修。

二、合格的查勘定损人员应具备的基本素质要求

合格的查勘定损人员应具备以下基本素质要求：

（1）良好的职业道德　保险职业道德是保险行业的工作者在职业活动中应当遵循的行为规范和准则。

查勘定损是个存在一定风险的高危岗位，如果查勘定损员禁不住诱惑，就容易犯错误，所以，查勘定损员要有自律能力和抗诱惑的能力，还必须要有遵纪守法、诚实守信、专业胜任、客户至上、公平竞争、勤勉尽责、保守秘密、团结互助、文明礼貌、爱岗敬业和开拓创新的良好职业道德。

（2）娴熟的专业技能　机动车辆检验人员需要具备的专业技能主要包括：机动车辆构造和修理工艺知识、与交通事故有关的法律法规以及处理办法、机动车辆保险的相关知识、良好的沟通能力及团队合作能力等。

（3）丰富的实践经验　丰富的实践经验能够有助于检验人员准确地判断损失原因，科学而合理地确定修理方案、施救方案和残值的处理。同时，对于识别和防止日益突出的道德风险和保险欺诈有着十分重要的作用。

（4）灵活的处理能力　查勘人员应当在尊重事实、尊重保险合同的大前提下，灵活地处理保险纠纷，尽量使保险双方在"求大同，存小异"的基础上对保险事故形成统一的认识，使案件得到顺利的处理。

三、现场查勘流程

汽车保险意外事故现场查勘就是保险公司查勘人员用科学规范的程序、科学的方法和现代技术手段，对机动车辆保险意外事故现场进行实地勘验与查证，包括对事故现场进行拍

照、摄影、测量，对在场的事故当事人和目击者进行询问，对现场内外有关情况进行了解并将得到的结果完整、真实、准确地记录下来，并进行初步保险责任判定、事故损失预估、协助当事人组织施救等工作。具体流程见图2-2-1。

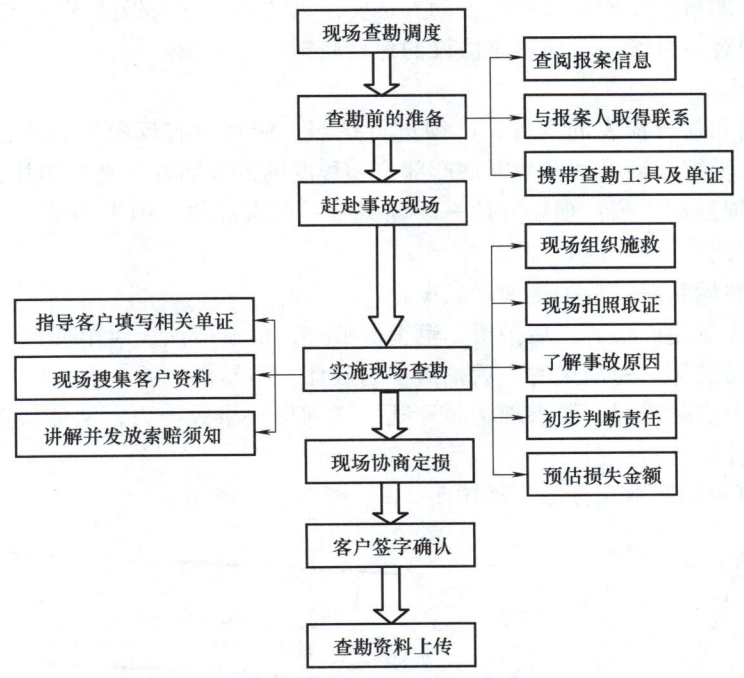

图 2-2-1　汽车保险现场查勘流程图

（一）现场查勘前的准备工作

查勘定损人员接到现场查勘任务后，应提前做好以下工作：

（1）了解承保信息　通过阅读调度短信通知，了解承保险别；条件许可下登录理赔系统查阅承保信息。

（2）了解出险信息　向调度人员询问出险情况；条件许可下登录理赔系统查阅客户报案情况。

（二）现场查勘流程

1. 联系客户

接到调度指令后，1分钟内与客户取得联系，确认现场具体地点。电话联系标准话术："您好！我是××保险公司定损员×××，工号×××，请问…"。

2. 赶赴现场

在规定的时间赶赴事故现场。查勘定损人员因特殊情况，不能按时赶到事故现场的，应提前电话告知客户延误原因，争取客户谅解；若客户不能谅解的，应按以下方式启动应急预案：邻近查勘人员补位；区经理或大案人员补位；通知就近协助网点做好补救工作。应急预案启动要及时反馈给区经理并通知调度做好应急预案的相关信息的备注。

3. 到达现场

到达现场后，查勘人员将查勘车辆停放于事故地点就近安全地带，并开启紧急灯，便于报案人确认。面见客户标准话术:"您好!我是××保险公司定损员×××,让您久等了…",在介绍自己的同时,出示工作牌。

4. 现场施救

对需要施救的事故车辆及财产,查勘人员应主动协助报案人做好现场施救工作,避免扩大损失,积极向客户推荐与公司签定协议的免费救援服务单位。

5. 现场拍照

凡涉及车辆和财产损失的案件,必须进行拍照。照片应有反映事故现场全貌的全景照片,还要有反映受损车辆号牌及受损财产部位和程度的近景照片。查勘照片拍摄标准如下:

1)查勘定损照相步骤:现场方位—现场概貌—重点部位—损失细节,这四个步骤要彼此联系、相互印证;

2)先拍摄原始状况,后拍摄变动状况;

3)先拍摄现场路面痕迹,后拍摄车辆上的痕迹,痕迹应该成对出现;

4)先拍摄易破坏、易消失的,后拍摄不易破坏、不易消失的;

5)根据定损实际情况,要求现场照片既能详细反映事故损失,又能说明事故责任,灵活运用、交叉拍摄。

(1)单方事故拍照取点标准 如图2-2-2、图2-2-3所示。

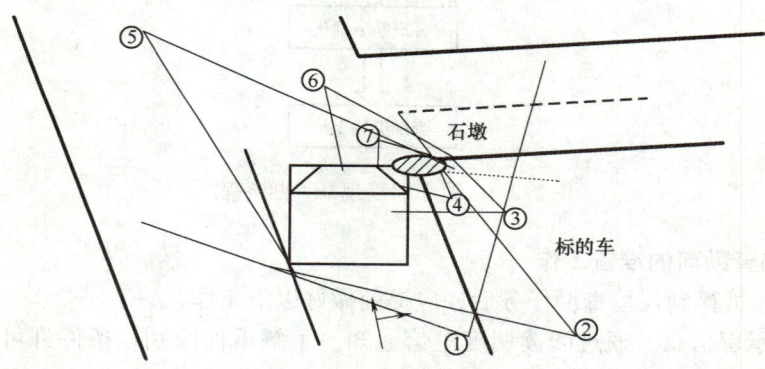

图2-2-2 单方事故现场拍照点

①—大环境、运动轨迹 ②—远景 ③—近景 ④—特写 ⑤—对角远景 ⑥—对角近景 ⑦—特写

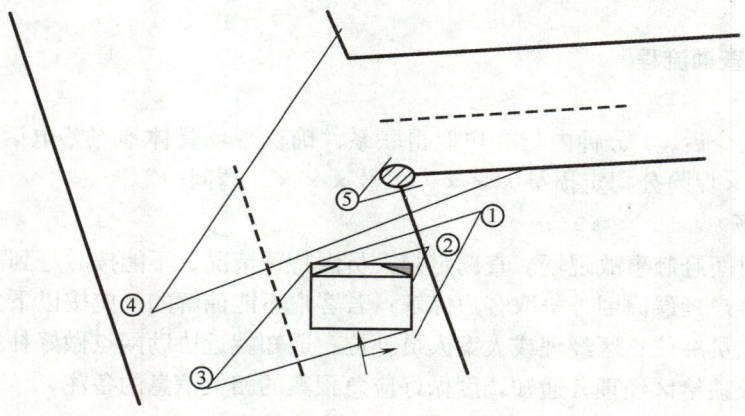

图2-2-3 车辆、物体分开后拍照点

①—车头45° ②—车损近景 ③—车尾45° ④—物体远景 ⑤—物体近景

（2）双方事故拍照取点标准 如图 2-2-4 所示。

拍摄好的照片要符合以下要求，如图 2-2-5 所示：

1）照片要点：现场方位、全景、重要参考点、原始状态、道路及交通设施、地形、地物照相、痕迹勘验、路面痕迹。让未到达现场的人员通过浏览现场照片，应该对现场有一个清楚的认识。

2）第一现场（包括补勘第一现场）照片能够反映出事故现场的全貌，有明显的参照标志物，如路标、建筑物等，便于确定地理位置及方位；顺车辆运动方向（包括刹车痕迹），拍摄事故撞击点、事故造成的物损；现场涉及事故车辆必须有清晰的车牌号。

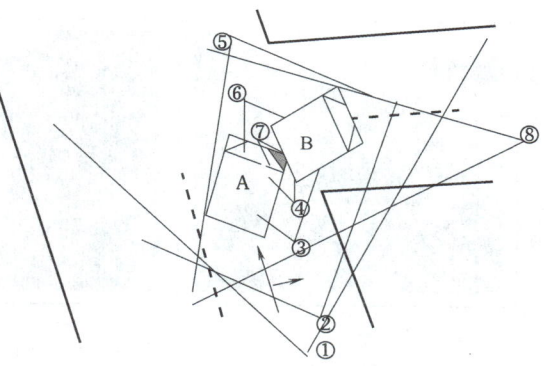

图 2-2-4 双方事故拍摄点
①—大环境、运动轨迹 ②—远景 ③—近景
④—特写 ⑤—对角大环境、远景 ⑥—对角近景
⑦—特写 ⑧—三者前方远景

图 2-2-5 事故现场照片

图 2-2-5　事故现场照片（续）

（3）车架号及各种证件照片拍摄标准　车辆检验（车牌号、车架号、发动机号）、标的车及三者车的两证检验、三者车的保险凭证照相。如果相机清晰度不佳，两证照片可以每单页独立拍照，如图 2-2-6 所示。

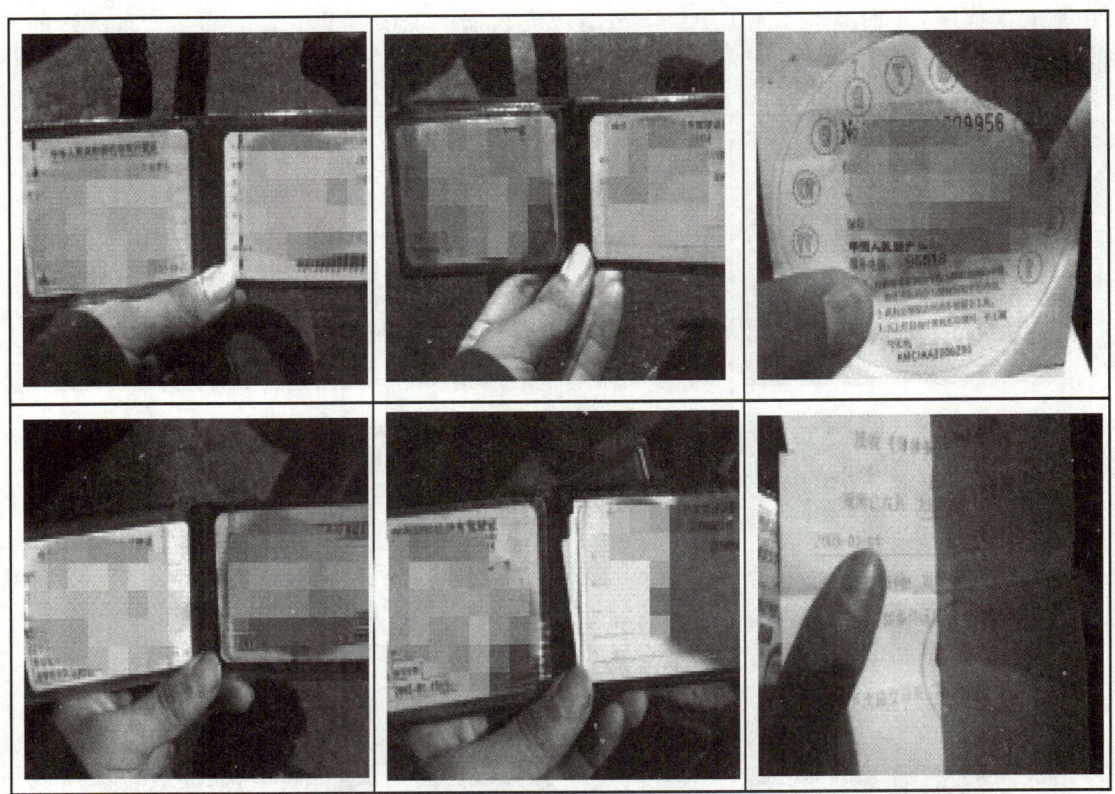

图 2-2-6　车架号及各种证件照片

（4）事故车辆查勘定损照片拍摄标准可参考图 2-2-7 标准。

1）照片要点：照片中要有原始状态、分离痕迹、表面痕迹、损失细节。

2）在现场或车辆停放地对事故车定损拍照时，先拍整车（能反映车牌号码，在车辆的 45 度角位置，从四个方向拍摄），以判断标的车出险行驶方向和碰撞着力点和碰撞走向；车牌脱离车体时,请将车牌放置于显著位置,严禁只拍摄车牌及损失部位;现场照片内含的所有涉及事故车辆,必须能分辨清楚车牌号。

图 2-2-7　车辆损失照片

3)照片必须能反映需要更换或修理的部件、部位的损伤程度,确保核损人在审核时能判定该部件或部位需要更换或修理,对于损伤痕迹不明显,或部件、部位价值高的,均必须进行局部特写拍照（以受损部位拍摄清晰明确为准，可参考图2-2-8），拍照时要求带受损车辆的车牌或其他标识牌。

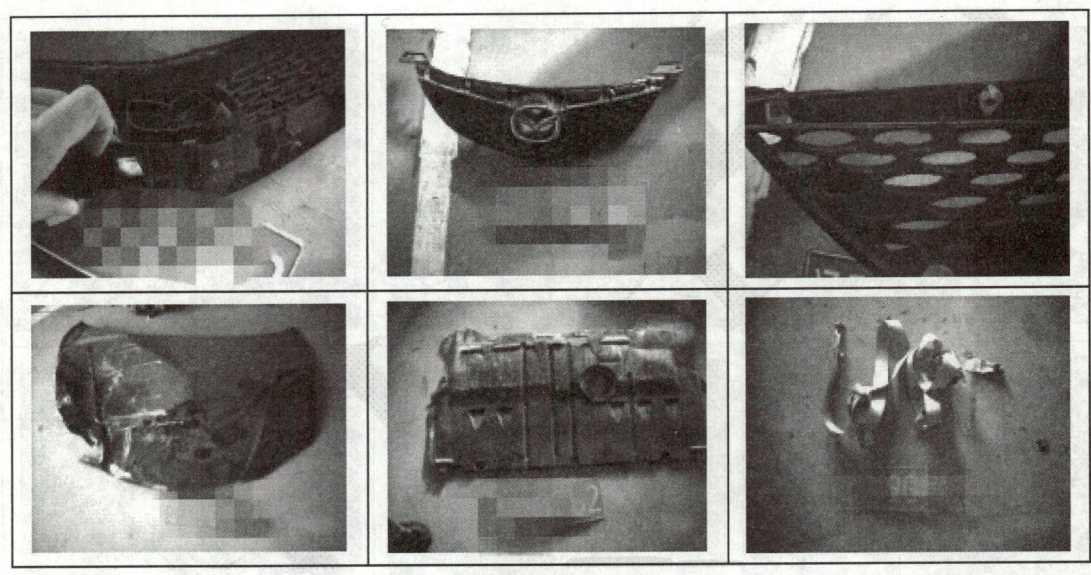

图 2-2-8　受损车辆零部件损失情况

4）对照片不能反映出的裂纹、变形，要用手指向损坏部位拍照或对比拍照或标识拍照，并能反映损伤原因，尤其对事故造成轴、孔损伤拍摄的，一定要有实测尺寸照片；底盘、悬挂类配件，无法用肉眼分辨损失的配件，必须有新旧对比照片或对角皮尺测量照片（例如轴距的变化，可参考图2-2-9）或测量后尺寸与标准尺寸差异的照片，照片需反应测量的可靠性。

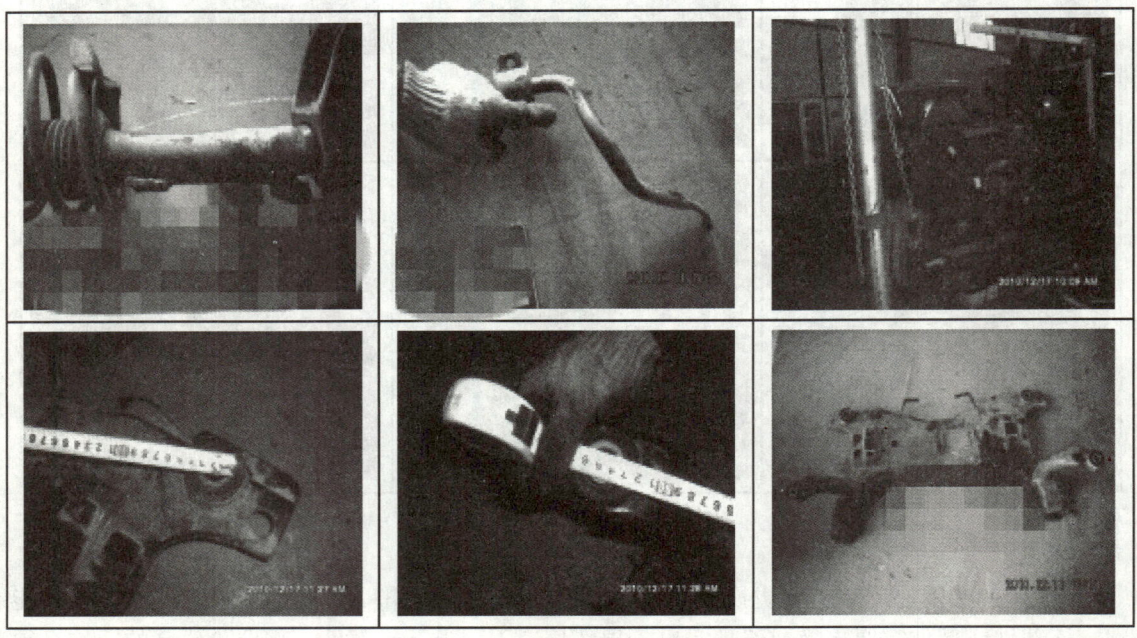

图 2-2-9　无法用肉眼分辨损失的配件拍摄方法

5）原则上一张照片对应一个损失项目，重大配件或价格较贵的配件必须有能反映损伤、型号规格或配件编码的单独照片，该配件必须要有在车上损失情况的照片以及拆解后具体损失的照片；对于一张照片可以显示多个部件或部位损坏，且损伤程度清晰，可以不用拍局部特写。注意控制照片数量，杜绝同一部件、同一部位照片大量重复的现象。

6）快赔类案件或小额附属类配件或辅料类，能直接在主要部件图片中明显地显示出多项损坏的，可以合并在一张照片中拍照记录，但是在配件名中，必须注明该照片应展示的多项配件名称。

7）局部照（图2-2-10）主要是反映车辆的受损部位、碰撞部位及碰撞点。局部拍照时，需持稳相机，同时保证相机对焦准确，照片清晰并有辅助照片反映所处部位；如果极其微小的损坏的项目，无法通过照片说明问题，则需要修改照片名称并作说明，而不能通过图像编辑软件修改。

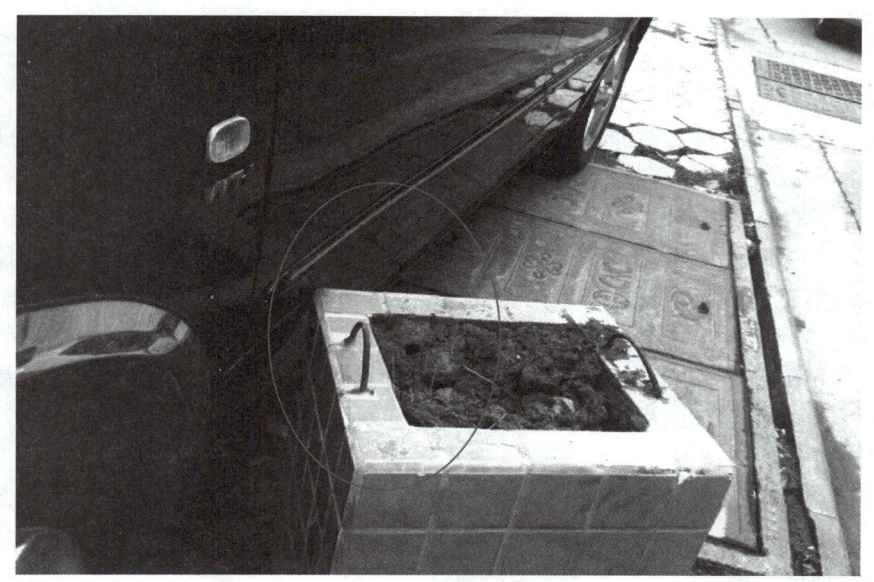

图2-2-10　损失车辆局部照片

6. 查验保单（卡）

查验保单（卡），确认是否在我公司投保。若客户不能提供保险单（证），查勘人员应立即与调度人员进行承保情况确认。

7. 了解报案人身份

1）报案人应为被保险人或事故当事人，属代报案的，需提供被保险人委托书、受托人身份证原件等。如报案人无法提供相关手续，可依据正常工作流程先行处理，但应在查勘报告中特别注明。告知报案人提交索赔单证时，务必携带委托手续。

2）调查驾驶人员姓名、驾驶证号码、准驾车型，了解驾驶人员是否是被保险人或其允许的驾驶人员或保险合同中约定的驾驶人员；特种车出险要查验其是否具备国家有关部门核发的有效操作证；对驾驶营业性客车的驾驶人员要查验其是否具有国家有关行政管理部门核发的有效资格证书，并对相关证件拍照留存。

8. 核对保险标的

1）查验保险车辆及第三方车辆的车型、号牌号码、发动机号码、VIN 号码、行驶证，并拍照标的车车架号。

2）调查保险车辆出险时使用性质与保单载明的是否相符，以及是否运载危险品，车辆结构有无改装或加装。对在保险期限内，保险车辆改装、加装或非营业用车辆从事营业运输等，导致保险车辆危险程度增加的，且未及时书面通知保险人的，对因保险车辆危险程度增加发生的保险事故，保险人不承担赔偿责任。

9. 调查事故时间

了解确切出险时间是否在保险有效期限内，对接近保险起讫期出险的案件，应特别慎重，认真查实。要详细了解车辆启程或返回的时间、行驶路线、委托运输单位的装卸货物时间，等等，以准确核实出险时间；同时，应把出险时间与出险报案时间进行对比，查明是否超过 48 小时。

10. 调查事故地点

查验承保车辆的出险地点是否和报案地点一致，提车保单还需了解出险地点是否与保单约定的行驶区域范围相符。对非道路事故自行移动现场的，如有疑义的，应进行现场复勘或现场复位，损失较大或事故存在疑点的，应及时提示客户向 110 报案。

11. 调查事故原因

采取多听、多问、多看、多想、多分析的办法，观察车辆行驶线路，车辆碰撞位置、痕迹，车辆制动痕迹等现场情况，特别注意撞击点的合理性，散落物的材质与受损车所装配件材料的一致性，现场收集事故证据、证明材料等。对有驾驶人员饮酒、吸食或注射毒品、被药物麻醉后使用保险车辆或无照驾驶、驾驶车辆与驾驶证准驾车型不符、超载等嫌疑时，应立即协同公安交警部门获取相应证人证言和检验证明。

12. 了解责任划分情况

查清事故各方所承担的责任比例，同时还应注意了解保险车辆有无在其他公司重复保险的情况。

13. 绘制现场草图

重大赔案应绘制《机动车辆保险车辆事故现场查勘草图》。绘制现场草图的目的是将事故现场中的有关车辆、人畜尸体、相关物体以及痕迹、物证的所在位置与相互的空间关系，通过观测和丈量，用抽象的图形和线条加上必要的数字描绘在现场图纸上。草图绘制后应拍照并上传到系统。

现场图是反映事故现场的简单图例（图 2-2-11），查勘简图的绘制主要用俯视图，必须反映出发生事故的地点、方位、车辆及其运动轨迹、碰撞物体和简单标识等要素。

（1）绘图要求必须反应出险的地点、路名（如：××路）、明显的标志性建筑（如：××学院）。

（2）发生事故的方位。应准确的标明地点的方向（标明：上北下南）。

（3）车辆及其运动轨迹。应按照要求画出车辆（按照车辆的类型），标明车辆的运动轨迹及运动方向（用带方向的箭头表明）。

（4）简单标识。应就车辆及碰撞物体作出标识（如：用英文字母 A、B 等代表），并做简要说明（如：标的车，三者车等）简图绘制规范图标如图 2-2-12 所示。

14. 询问记录

对重大复杂的或有疑问的案件，要走访有关现场见证人或知情人，弄清真相，同时进行《机动车辆保险车辆事故现场查勘询问笔录》，作出询问记录，并由被询问人过目签字。主要询问以下项目：

1）交通事故发生的确切时间。

2）出事时是谁在驾驶车辆、使用挡位、行驶速度。

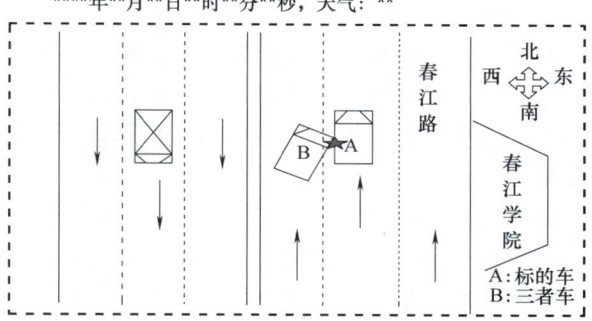

图 2-2-11　查勘定损员手绘事故现场草图

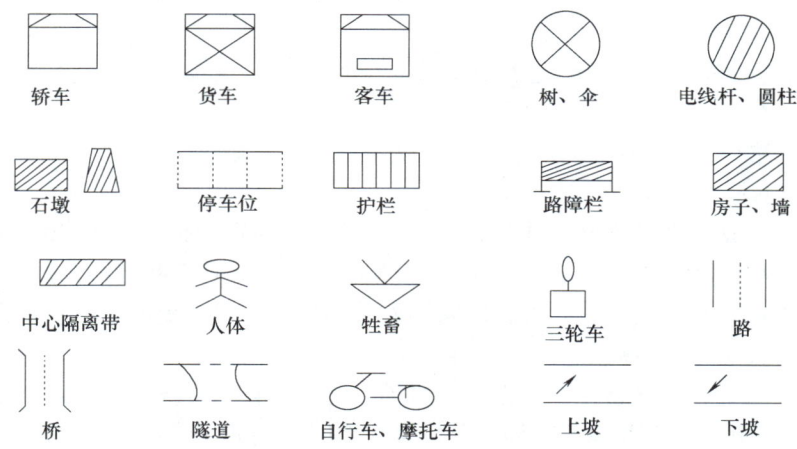

图 2-2-12　现场简图绘制规范图标

3）发现危险时各方的位置、方向及各自的动态。

4）发现危险至认识危险的反应时间、初期行为及采取何种应变措施。

5）事故的演变过程，初始接触点与接触部位。

6）事故发生后所造成的后果。

7）有无违章，若有，违章项目与违章动机是什么。

定损员在做询问笔录时要记住以下要点：

1）人员应首先熟悉现场的基本情况，并对询问和访问的内容作出全面的考虑，如在访问中可能遇到什么问题；应采取什么方法，注意哪些问题等。

2）对于比较复杂的重大事故，应首先研究制订访问提纲，明确访问的重点、步骤和方法，必要时应了解被询问人的社会经历、文化程度、性格、职业等。

3）发生重大肇事事故的当事人，一般在思想上顾虑重重，在介绍事故经过时，常常掩盖事实真相，不吐实情，在询问前，应告知被询问人要如实回答问题，不得隐瞒事实和编造假情况。询问人应根据需要审查的问题，逐一问清楚，尤其是关键性的问题不能一谈而过，一定要深追细问，直到把问题查清为止。

15. 物损处理

对于损失中包含路产绿化带等其他财物损失的，应告知客户路产和绿化损失需报交警受理后才能给予赔付。对于路产及财产等损失，如能现场核定损失，则在现场开始损失核定工作，如因损失较大或技术难度较高，暂时难以确定损失的，应及时向核损人员反映，同时告知受损方。

16. 现场定损

对符合现场定损条件的小额事故，现场与客户协商定损，当场出具损失确认书，双方当场签字确认后，推荐客户到公司合作网点或集中定损点修理。

17. 资源整合

对不具备现场定损条件的，属于 VIP 客户，启动 VIP 客户服务流程；属于业务合作单位的客户，引导客户至业务合作单位集中定损；其他客户引导至就近的集中定损点进行集中定损。

18. 索赔告知

讲解理赔流程和宣传公司的特色服务，发放索赔须知，现场收集索赔资料。

19. 致结束语

离开客户标准话术："有疑问请随时与我联系"。

20. 完成查勘报告，查勘资料上传

现场查勘人员完成现场查勘工作后，12 小时内录入查勘定损信息和估计损失金额，在查勘节点上传现场照片、驾驶证、行驶证、事故证明；在定损节点上传车损照片、VIN 码、物损照片、定损单；并在规定时效内，向内勤人员移交查勘定损单证。

查勘资料要真实记录事故现场情况。查勘报告要求表面整洁、书写工整、填写完整，要有查勘员双人签名，客户签字，查勘报告拍照等，同时，查勘报告要记录以下信息：

1）详细记录事故经过及施救过程，分析事故成因，判断保险责任及事故责任；
2）检验车架号、发动机号，说明是否是保险标的；
3）检验驾驶证、行驶证是否年审合格；
4）记录损失项目及损失程度；
5）说明承保情况，是否保额不足或超出限额；
6）对于疑点和异常情况的详细说明，是否需要加扣免赔；
7）根据承保情况、事故责任，按涉及险种分别预估本次事故损失，并计算出估计赔偿损失金额。

【活动实施】

一、现场施救

定损员到达事故现场后，如果发现有需要施救的财产，应主动协助报案人做好现场施救工作，避免损失扩大，积极向客户推荐与公司签定协议的免费救援服务单位。

二、现场拍照

定损员到达事故现场，协助车主完成财产物资的施救后，在不堵塞交通的条件下，要对事故现场进行拍照。照片应有反映事故现场全貌的全景照片，还要有反映受损车辆号牌及受损财产部位和程度的近景照片。包括紧急制动痕迹、车辆直接碰撞的位置、能反映车辆损失详细情况的照片。照片要求清晰、完整、日期准确。拍摄应按顺序（从前到后、从左到右、从远到近、从上到下、从外到内）进行。

1. 车辆照片

查勘定损员到达事故现场后，首先要拍摄反映事故现场全貌的全景照片，具体拍摄效果可参考图 2-2-13 和图 2-2-14。

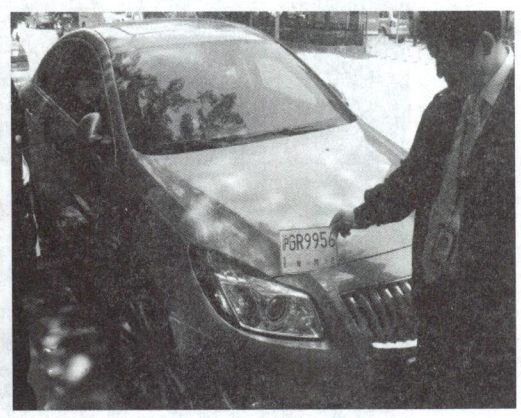

图 2-2-13　标的车全景

查勘定损员拍摄好事故现场全景后，还需要拍摄车辆的 VIN 码照片，如图 2-2-14 所示。

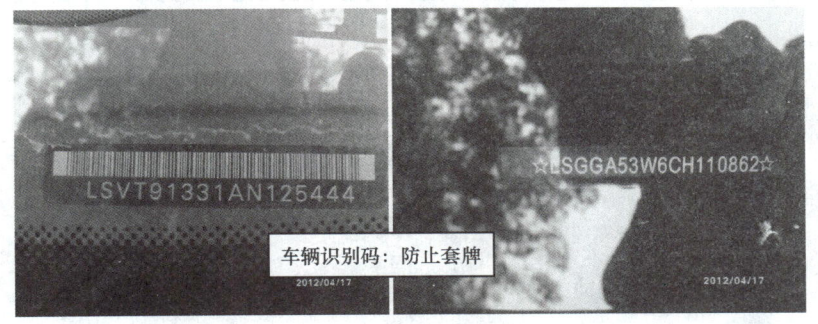

图 2-2-14　车辆 VIN 码照

查勘定损员在现场查勘时除了要拍摄事故现场全景照片外，还需要拍摄车辆损失局部照片，如图 2-2-15 所示。

如果车辆与外界物体碰撞导致损失，为了反映车辆碰撞的位置，查勘定损员还需要拍摄用卷尺测量出的对比照片，如图 2-2-16 所示。

2. 报案人员证件照

现场查勘员除了要拍摄事故车辆照片之外，还需要拍摄报案人的证件照片，如图 2-2-17 所示。

汽车保险理赔实务

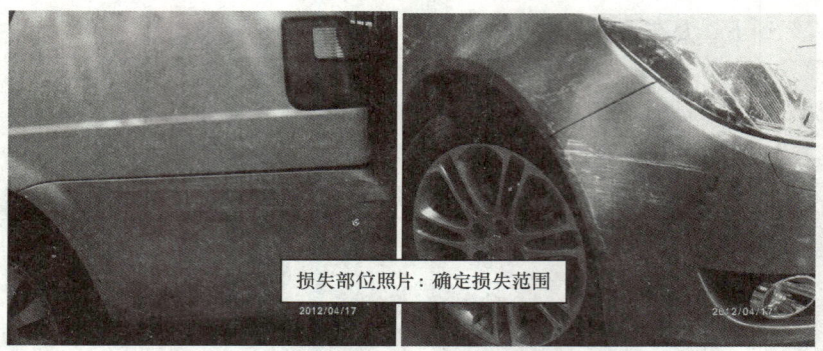

图 2-2-15　车辆损失部位照

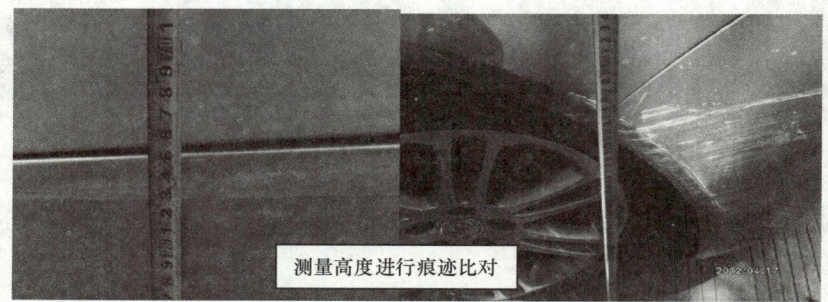

图 2-2-16　车辆碰撞照

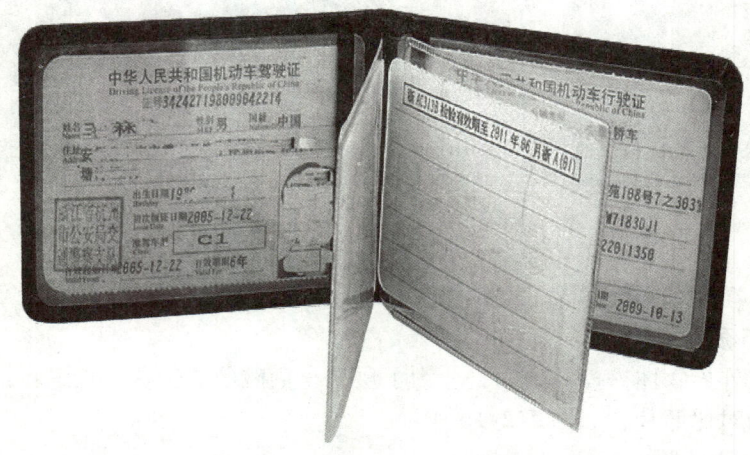

图 2-2-17　驾驶证和行驶证

三、了解报案人身份

经调查，报案人为被保险人。保险车辆出险时使用性质与保单载明的相符，无运载危险品、车辆结构无改装。

四、了解事故现场，排除骗保可能

标的车的出险地点和报案地点一致，出险地点与保单约定的行驶区域范围相符。被保险人及时报122，交警到达事故现场，经判定标的车负事故主要责任。从车辆行驶线路、车辆碰撞位置、痕迹、车辆制动痕迹等现场情况分析，事故发生情况和车主描述基本一致，排除故意制造事故的情况。

五、填写车辆定损单

定损员完成定损后，要正确规范填写定损单，并要求被保险人在定损单上签字确认，并把一份定损单交与被保险人用与索赔，如图2-2-18所示。

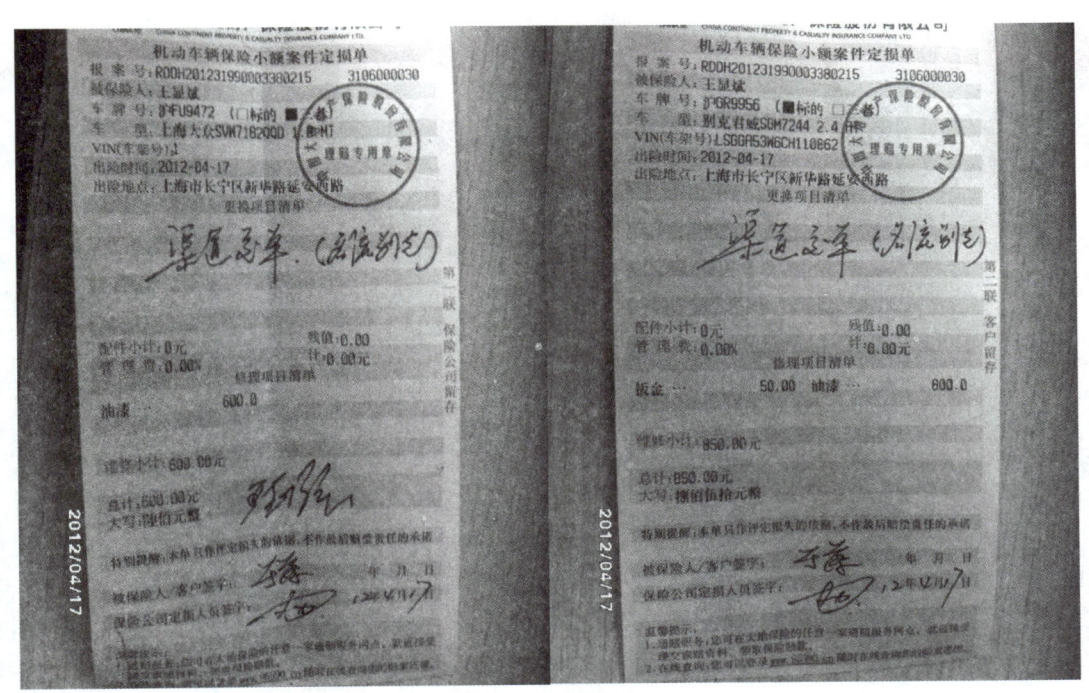

图2-2-18　车辆定损单

六、定损资料上传理赔系统

为了保证事故理赔的高效性，定损员完成现场查勘后，要及时把定损资料上传到理赔系统，便于核损员核赔。

汽车保险理赔实务

项目小结

车险查勘定损是查勘人员调查事故的基本情况,调查当事人,询问事故发生的经过,拍摄事故现场照片,做好现场笔录,缮制查勘报告等的过程,是车险理赔的很重要的环节,也是判断事故是否属于保险事故,确定损失金额大小和维修方案的依据。

作为一名车险查勘定损员,除了需要具有汽车结构知识、车辆维修知识和汽车保险专业知识外,还需要掌握车险查勘的基本技能和技巧,另外还要有良好的职业道德和人际沟通能力。

本项目首先讲述了车险查勘定损的基本工作内容、车险的定损原则、车险定损要掌握的拍照的基本技能和车险现场查勘的流程及各流程的基本工作内容,在这些内容中,学生主要要掌握车险查勘的技能和流程。因此,为了让学生更好地掌握该部分知识,在本项目的活动实施部分,选取了具有代表性的案例来讲解车险现场查勘的实际操作流程,为以后学生从事车险的查勘定损奠定理论基础。

复习思考题

根据查勘员的工作职责与查勘定损的流程,完成以下题目。

1. 车辆承保信息

1)承保机构:A 市保险公司;车型:帕萨特 B5;被保险人:张某。

2)车损险保额:29 万元(重置价值为 29 万);车牌号:海 B-12345。

3)保险期限:2004 年 2 月 2 日至 2005 年 2 月 1 日

2. 案情

1)被保险人索赔申请书称:"本人于 2004 年 4 月 21 日下午 5 时驾驶'海 B-12345'车从 A 市进入 B 市 C 施工路段时,由于未看清路况,车辆前底盘撞在一块石头上,以至于本车严重拖底,车当时熄火。我没有再打火,油底已漏,我联系了 B 市的上海大众维修站,车拖到维修站,因单方肇事,未报交警"。

2)客户出险后,A 市保险公司于 4 月 22 日委托 B 市保险公司代查勘,B 市保险公司于 4 月 24 日派人前往查勘,在 B 市保险公司查勘报告中称:①出险原因及经过:2002 年 4 月 21 日,被保险人张某驾驶标的车行驶至 B 市 C 路段时,由于雨天路滑,路面修路,不慎撞在路边石头上,将油底壳骑在上面。②勘察处理意见:经我公司查勘,情况属实,但现场我公司去时路已修复部分,经到修理厂核实后确认。

3)查勘时间:2004 年 5 月 15 日

4)被保险人在向 B 市上海大众维修站支付修理费 37575 元后,凭修理发票向 A 市保险公司索赔(查勘报告,定损报告已由 B 市保险公司寄回 A 市保险公司)。

根据以上案情,完成下列习题:

试回答下列问题:

1. 对于客户的索赔,A 市保险公司该如何处理?

2. 您认为本案是否存在问题?如有,主要是什么问题,如何处理?如果没有,请问为什么？

3. 试写出现场查勘定损的流程图。
4. 根据以上信息完成该案件的查勘报告（表2-2-1）。

表 2-2-1　车险公估案件查勘报告

委托人		被保险人		赔案号	
车牌号		厂牌型号		车架号/发动机号	
查勘日期		查勘人		查勘地点	
驾驶员		准驾车型		驾证号	
出险原因及经过					
财产损失情况	车损险	（¥　　　　）			
	三者损失	车损	———		
				物损	
	附加险				
人员伤亡情况	标的车				
	三者				
施救情况	标的车			三者	
保险责任认定		□属于　□不属于		事故处理部门	浦东交警
事故责任认定		□全责　□主责　□同责　□次责　□无责　□责任待定			
备注/说明					

填表人：　　　　　　　　　　　　　　　　　　　　　　　日期：

项目三　事故汽车的核损

【学习目标】

1. 掌握汽车保险核损的工作内容和要求。
2. 掌握汽车保险核损的工作流程。
3. 掌握汽车保险核损的操作技能。
4. 运用近因原则判断事故是否为保险事故。

【活动描述】

2011年1月6日晚11时20分许，A保险公司接到报案中心报案在B市××新区发生一起伊兰特轿车与路边台球桌相撞后又与房屋发生碰撞的事故。A保险公司定损员马上与客户联系，确定了出险地点后马上赶赴事故第一现象进行查勘。定损员查勘过程中发现伊兰特轿车先与路面撞击导致车辆底盘受损，随后撞到放在路边右侧的石质台球桌，最后又继续前行撞到了房屋及卷匣门车辆才停下，从现场撞击路线和痕迹分析，从第一撞击点到最后撞击到门的距离有100米左右，在此撞击过程中驾驶员并未做出一些应急措施（例如：制动及控制方向等）。查勘定损员发现以下疑点：

1）该事故车左前车头受损尤其严重但是事故中坐在副驾驶室的和后排座位上的3人受伤，唯独所谓的驾驶员没有受伤。

2）被保险人当时不知道驾驶员的姓名，有违常理。

3）所谓的驾驶员对行使路线描述与实际不完全一致。

4）查勘员根据受损车辆前风窗上残留的头发做采样及拍照取证，发现所采样的头发长度与驾驶员发型不符。

5）受伤3人称与驾驶员是朋友关系，但是驾驶员连其他3人的名字都叫不出来。

如果你是核损员，请完成以上案件的核损。（图2-3-1～图2-3-6为定损员拍摄的现场照片）

图 2-3-1　标的车撞上路边的台球桌

图 2-3-2　标的车撞上台球桌后撞上卷闸门

图 2-3-3　标的车前风窗玻璃上遗留的毛发

图 2-3-4　标的车车头损失情况

图 2-3-5　标的车座椅受损情况

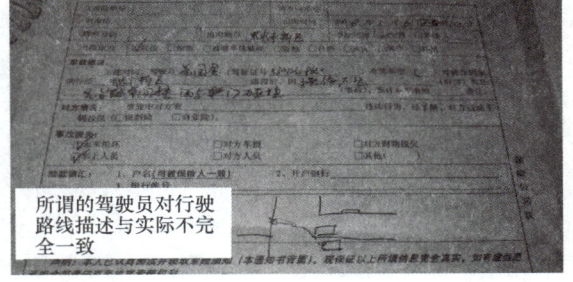

图 2-3-6　出险通知书

【知识准备】

核损是继查勘定损完成后核损员根据查勘员现场查勘的情况、估损单、损失照片等，初步核实事故的真实性、发生过程，核定车辆和相关物损毁情况，确定车辆更换部件、维修工时、相关物损赔偿费用、施救费用的过程。同时核损员兼负查勘的管理监督工作、复勘工作、旧件处理工作等，是车险理赔的风险控制核心环节。

一、车险核损概述

核损是保险公司确认事故损失金额的步骤，也是最终判定赔偿损失金额的关键。核损还可以进一步细分为核损（狭义）与核价。狭义的核损仅指核定损失的项目，核价是指核定每一个损失的具体报价。一般情况下核损员核定的结果是保险公司认可的损失的最高限额，

也是保险公司赔偿的标准。

（一）事故车辆核损的工作内容

1）审核查勘报告、照片、估损单，初步判断事故的真实性；

2）审核碰撞事故要比对事故痕迹，碰撞角度、高度等，判断碰撞力度所可能造成的损坏程度，初步判断事故及损失的可信度；

3）核准更换项目、维修项目，核定修复费用；

4）核定施救费用；

5）参照当地相关部门的赔偿标准，结合物损的损毁情况、修复措施，合理确定物损赔偿费用；

6）部分复勘工作。

（二）事故车辆核损的工作要求

1）熟练操作办公软件和设备；

2）按照核损人员工作流程和操作标准核损；

3）认真核对损失照片，核定查勘定损员上传的案件；

4）熟悉车险定损工作，充分熟悉当地车险整车、零配件市场价格、工时费用等，合理确定相关费用；

5）熟悉车辆的维修；

6）具有良好的职业操守。

（三）近因原则

被保险人李某向某保险公司投保了车损险、三者险、车身划痕险等险种。保险公司在签发给他的保险单上约定："保险人对被保险人在驾驶保险车辆时，因暴力的、意外的、外在的、可鉴的行为造成身体伤害而导致的死亡承担赔偿责任。"

在保险期内的某一天，李某在驾驶汽车时突然遭遇了车祸，车祸的发生使他的精神受到严重刺激，他跳下车，无目的地狂奔，一直跑到距离停着的车很远的地方，一不小心跌入河中淹死。李某的妻子要求保险公司按照保险单的约定给予赔偿。保险公司拒绝赔偿，原因是李先生的死亡原因是坠入河中淹死，而非意外死亡，不属于保险事故。李先生的妻子不服，把保险公司告上了法庭。

这个案例的关键是李先生死亡的原因是什么？导致李先生死亡的最直接、有效的原因是什么？这也是车险中常见的问题，就要解决这个问题就要掌握保险中的近因原则，这个原则也是车险理赔的重要原则，是判断事故赔偿与否的一个依据。

1. 近因及近因原则的概念

（1）近因 所谓近因是指造成保险标的损失的最直接、最有效、起决定性作用的原因。近因不是指时间上、空间上离事故最接近的原因。损失应是近因的必然的和自然的结果和延伸。

（2）近因原则 近因原则是通过判明风险事故与保险标的损失之间的因果关系，以确定保险责任的一项基本原则。近因原则的基本含义是：在风险与保险标的损失之间的关系中，如果近因属于被保风险，保险人要承担保险责任；如果近因属于除外风险或未保风险，则保险人不负担赔偿责任。

2. 近因的判断

（1）单一原因造成的损失 当损失是由单一原因造成时，则该原因即为损失的近因。

若近因属于保险责任，则保险人承担赔偿；反之，则不承担赔偿。

（2）多种原因同时并列发生造成的损失　当损失是由多种原因同时发生且时间上无先后时，对损失起决定性作用的原因为近因。但近因可能不止一个。至于是否承担保险责任，又分两种情况：

1）若这些近因都属于保险责任，则保险人承担赔偿；反之，则不承担赔偿；

2）若这些近因中既有保险责任又有除外责任，则要对损失进行分解：若损失结果可以分清（可分清哪些损失是由于保险责任的近因造成，哪些损失是由于除外责任的近因造成），保险人只赔偿保险责任的近因所造成的损失。若损失结果无法分清，保险人一般不予赔偿。

（3）多种原因连续发生造成的损失　若造成损失的各原因之间有因果关系时，则近因是最初原因，即前因；若造成损失的各原因之间没有因果关系时，则近因是因果链条被中断时的最后原因。若近因属于保险责任，则保险人承担赔偿；反之，则不承担赔偿。

（4）多种原因间断发生造成的事故　在一连串连续发生的原因中，有一项新的独立的原因介入，并且成为导致损失的最直接最有效的原因时，则该独立的新原因即为近因。若近因属于保险责任，则保险人承担赔偿；反之，则不承担赔偿。

二、核损人员应具备的知识和技能

要做好汽车事故的核损工作，核损员应当具备以下知识和技能：

1）了解汽车保险的相关法律法规，能正确理解车险合同条款；

2）熟悉事故车保险理赔流程和事故查勘方法；

3）掌握汽车构造知识，主要是当代轿车广泛采用的承载式车身结构；

4）懂得汽车碰撞损坏机理，能够对事故车的受损情况进行正确的分析；

5）熟悉事故车的修理工艺和流程；

6）能精确计算事故车维修的零件费、工时费，熟悉估损单或维修任务单的填写方法和要领；

7）具备计算机操作技能和汽车英语阅读能力。

除此之外，核损员还应当具备良好的职业素质，为人真诚，服务热情，处事公平。在车险核损过程中尊重客观事实，不弄虚作假，不谋取私利。

三、车险核损的工作流程

图2-3-7是车险核损的简化的操作流程。

（一）车辆损失的审核

1．选择待核损案件，对定损资料进行审核

核损员进入车险理赔系统后，选择待核损案件，审核定损工作是否按照公司定损规定的要求完成，比如"机动车辆保险车辆损失情况确认书"是否填写规范，是否按要求列明维修、换件项目及其工时和价格，是否按照要求拍摄损失照片，损失照片是否清晰、完整反映损失确认书上列明的损失情况，是否按照公司规定执行报价程序。如发现有不合格项目，应及时通知定损员重新提供清晰完整的定损资料。核损时发现报价错误的，应与报价人员沟通并及时更正。

2. 审核案件

核损员在车险理赔系统集中审核。对照损失照片和损失确认书，审核换件项目是否合理，维修项目即工时费是否合理，对不合理的部分提出剔除或修改意见。核损时注意审核换件项目是否存在新车出厂时车辆标准配置以外的零部件。

3. 审核意见反馈

核损完后，核损员应将核损结果马上反馈给定损人员，由定损人员及时通知被保险人和修理厂。对核损结果没有异议的，应与被保险人签定损失确认书；如存在异议的，应先与被保险人和修理厂进行沟通协商，并将协商意见再次提交核损人员审定。

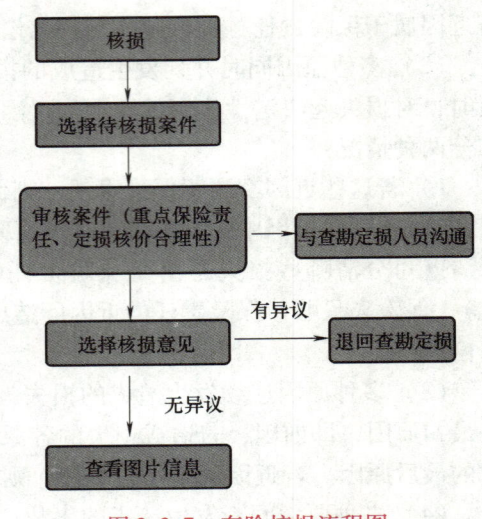

图 2-3-7　车险核损流程图

4. 现场核损

如果定损员或合作定损单位提交的定损资料不能真实地反映车辆损失情况或通过照片难以核定损失，且损失金额较大、换件项目较多的事故，核损人员应及时报告相关人员，由其安排人员到现场复核，并出具审核意见，同时反馈复核情况。

（二）第三者物损的审核

对第三者责任险的财产和附加车上货物责任险承运货物的损失，应和被保险人和有关人员逐项清理，确定损失数量、损失程度和损失金额（同一保险标的要注意是否存在重复赔偿），同时，要求被保险人提供有关货物、财产的原始发票。定损人员审核完毕后，制作"机动车辆保险财产损失确认书"，对损失金额在 3000 元以下的，与被保险人达成协议后，可直接让被保险人在损失确认书上签字确认；损失金额在 3000 元以上的，必须将损失确认书及相关定损资料上报核损员核损，核损通过后，由定损员与被保险人签订损失确认书。

对于车上货物责任险中的货物损失，在进行赔偿处理时，需要被保险人提供运单、起货地价格证明以及第三方向被保险人索赔的单证资料。

（三）施救费用的确定

1）车辆发生火灾，应当赔偿被保险人使用他人非专业消防单位的消防设备的合理费用及设备损失。

2）车辆出险后，失去行驶能力，雇用吊车及其他车辆进行抢救的费用，以及将出险车辆拖运到修理厂的运输费用。

3）抢救过程中，因抢救而损坏他人的财产，应由被保险人赔偿。但抢救人员个人物品的丢失，不予赔偿。

4）抢救过程或拖运途中，发生意外事故造成损失扩大部分和费用支出增加部分，如果该抢救车辆是被保险人自己或他人义务派来抢救的，应予赔偿；如果该抢救车辆是受雇的，则不予赔偿。

5）出险，被保险人奔赴肇事现场处理所支出的费用，不予负责。

6）保险人只对保险车辆的施救保护费用负责。例如：保险车辆发生保险事故后，受损保险车辆与其所装货物同时被施救，应按保险车辆与货物的实际价值进行比例分摊赔偿。

7）保险车辆为进口车或特种车，发生保险事故后，当地确实不能修理，经保险人同意后去外地修理的移送费，可予适当负责。但护送保险车辆者的工资和差旅费，不予负责。

8）施救、保护费用与修理费用应分别理算。但施救前，如果施救、保护费用与修理费用相加，估计已达到或超过保险金额时，则可推定全损予以赔偿。

9）保险车辆发生保险事故后，对其停车费、保管费、扣车费及各种罚款，保险人不予负责。

（四）残值处理

残值处理指保险公司根据保险合同履行了赔偿并取得对于受损标的所有权后，对于这些受损标的处理。

通常情况下，对于残值的处理均采用协商作价归还被保险人的做法，并在保险赔款中予以扣除。如协商不成，也可以将已经赔偿的受损物资收回。这些受损物资可以委托有关部门进行拍卖处理，处理所得款项应当冲减赔款。一时无法处理的，则应交保险公司的损余物资管理部门收回。

【活动实施】

一、进入理赔系统中的核损平台，选择待核损案件

1. 进入车险理赔系统选择核损界面

核损员进入车险理赔系统的核损界面，选择待核损案件。

车险理赔系统包括报案、查勘、核价、核损、缮制、核赔、结案、支付等主要环节，核损时选择核损平台。

2. 进入核损平台

如图 2-3-8 所示，核损平台有几个子平台，在平台中选择"查勘点新案件"，同时对应报案时间查询查勘上传的待核损案件。点击需要核损的案件。

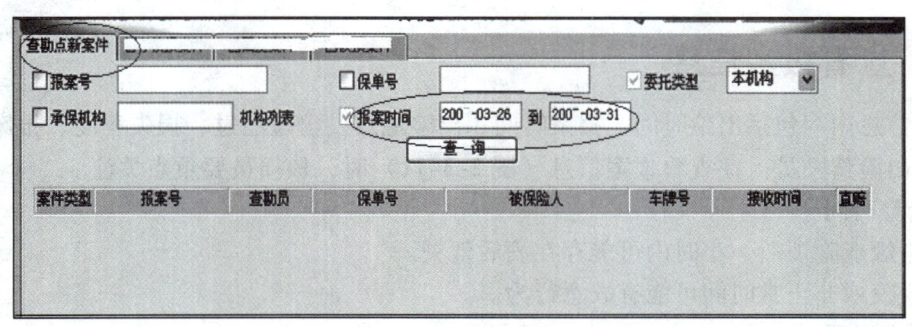

图 2-3-8　核损平台

在输入报案号或保单号后，点击"查询"，在界面下半部就会出现对应案件的列表，如图 2-3-9 所示。

二、审核案件

如图 2-3-10 所示，核损主页面可以看到车辆基本信息、车辆承保信息、报案基本信息、事故损失信息等，进入核损主页面后正式审核案件。

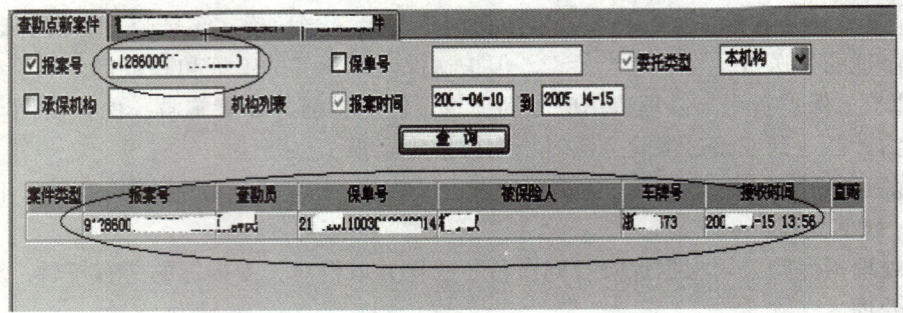

图 2-3-9　查找新案件

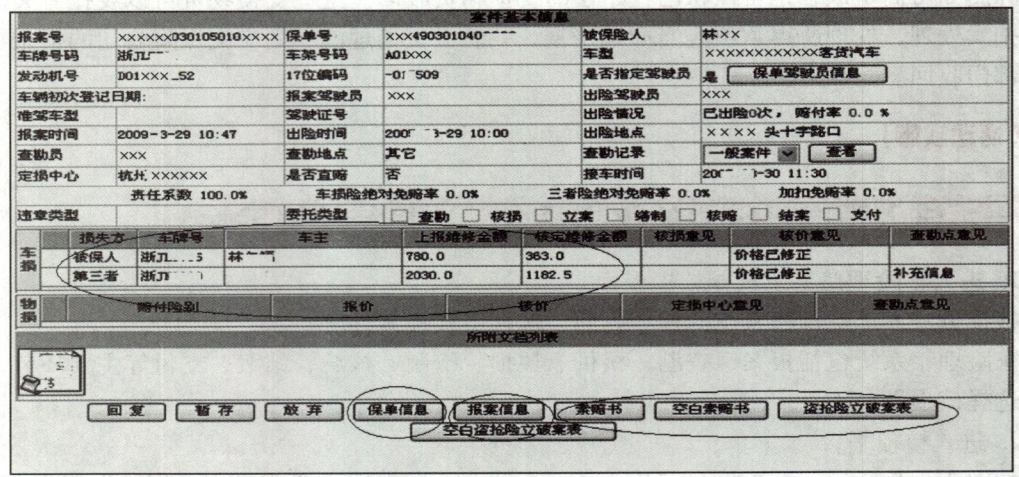

图 2-3-10　待核损案件主页面

三、查看报案信息

报案信息内容包括出险时间、报案时间、出险地点、出险经过、损失程度、报案人、报案地点、出险驾驶员。在查看报案信息（图 2-3-11）时，核损员要重点关注。

1. 出险时间

1）午饭或晚饭后一小时内可能存在酒后驾驶。

2）半夜或非正常时间可能有故意行为。

2. 报案时间

1）出险后马上报案，经过描述可信度较高。

2）事故交警处理后报案，经过描述可信度较高。

3）出险后第二日报案，经过描述可信度一般。

4）出险后 48 小时后报案，经过描述可信度低。

3. 出险地点

1）繁华市区相对风险较小。

2）车流量较大道路风险相对较小。

案件报案信息					
报案号	××××××××××××84				
商业保单基本信息					
保单号	×××××D104080××××	发动机号	11×××	车架号	02×××
被保险人	杨××	行驶证车主	杨××	客户类型	个人
车牌号	鄂AE×××	厂牌车型	飞度HG7150(SALOON CVT)	承保机构	武汉营业
强制保单基本信息					
保单号	2×××××××9844	发动机号	11×××	车架号	02××
被保险人	杨××	行驶证车主	杨××	客户类型	个人
车牌号	鄂AE×××	厂牌车型	飞度HG7150(SALOON CVT)	承保机构	武汉营业
出险时间	2009-0×××17:30	报案时间	2009-0××4 17:53	是否异常报案	正常件
报案人名称	杨××	报案人电话1	136550×××3	报案人电话2	
驾驶员名称	杨××	驾驶员电话1	13655×××9	驾驶员电话2	
是否现场报案	是	是否为被保险人报案	是	是否已报警	是
是否授信理赔	否	是否为本地报案	否	邮政编码	430000
出险地点	福建省 福州市 长乐市				
出险原因	碰撞	出险原因明细		是否单方事故	是
出险描述	因为旁边修路路不平，本车直行挂到石头上（三者无损）				
损失类型	本车车物	本车车物损失情况	底盘，估损不详		
	本车人伤	伤亡总人数	0	人伤类型	
	三者车物	三者车物损失情况		三者车牌	无
	三者人伤	伤亡总人数	0	人伤类型	
伤情描述					

图 2-3-11　报案信息

3）偏僻及可疑地区风险相对高。

4. 报案人

1）修理厂人员报案，报案信息可能经过专业人员指点过，车损有被扩大的可能。

2）保险公司业务员报案，有被指点的可能，有扩大赔偿的可能。

5. 报案地点

1）现场报案风险相对小。

2）交警停车场报案可确认交警处理，风险相对较小。

3）修理厂报案可能存在扩大损失的风险。

四、查看保单信息

查看保单的信息主要是查看车辆信息、牌照号码、车架号码、厂牌车型、使用性质和车辆初次登记时间。

另外还要查看承保信息，如是否足额投保、绝对免赔率、是否指定驾驶员驾驶、此次事故是否属于投保险种范围等信息。

五、查看图片信息

1. 标的车辆行驶证（图 2-3-12）

核损员在查看车辆行驶证时，要注意以下信息：

1）行驶证年检是否合格；

2）基本信息是否与保单一致；

3）临时牌照是否在有效期内。

2. 出险驾驶员驾驶证（图 2-3-13）

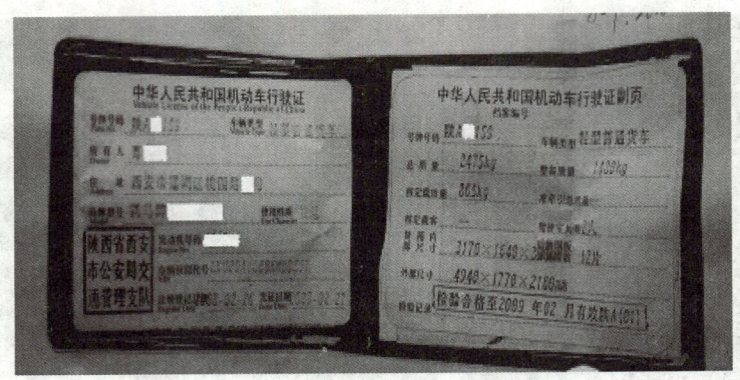

图 2-3-12　车辆行驶证

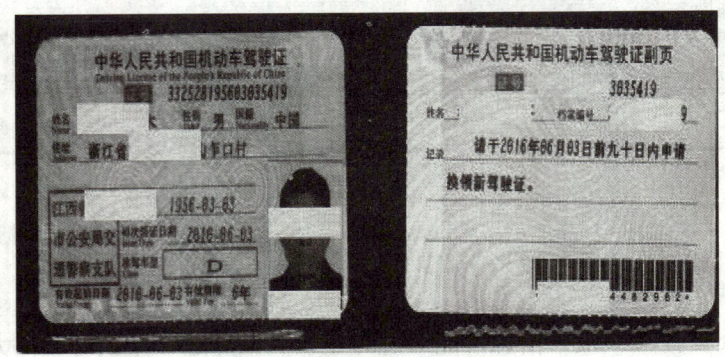

图 2-3-13　出险驾驶员驾驶证

核损员在查看驾驶员的驾驶证时，要注意以下信息：
1）核对是否与报案驾驶员姓名相符；
2）核实准驾车型与实际驾驶车辆是否相符；
3）核实驾驶证有效期。
3. 车辆损失图片（图 2-3-14、图 2-3-15）

图 2-3-14　标的车铭牌

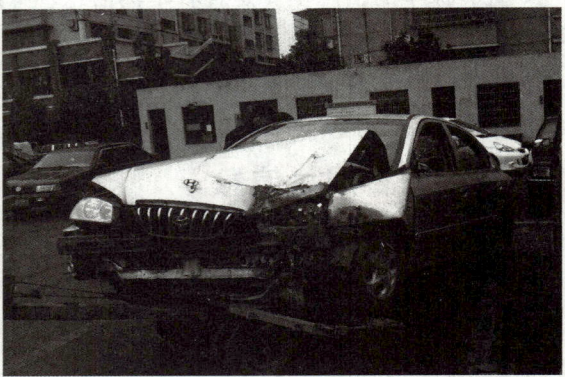

图 2-3-15　标的车损照片

核损员在查看车辆损失照片时，要注意以下信息：
1）车架号、车牌号是否与保单行驶证等相关信息吻合；
2）看整体损坏照片、撞击部位、碰撞痕迹、受损程度，分析出险经过是否与客户描述相符，判断事故的真实性；
3）看损坏部位照片，判断是否与本次事故有关联；
4）审核车损照片与更换项目及修理项目是否对应及是否符合标准。

六、查看损失录入

核损员在查看定损员损失录入情况时（图2-3-16），要注意以下信息：

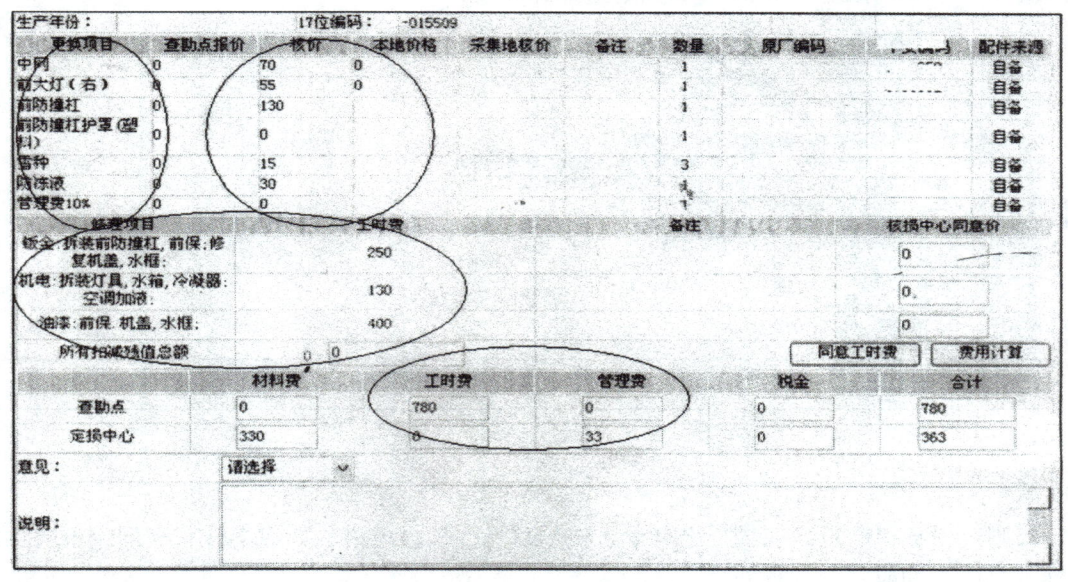

图2-3-16 损失项目录入

1）配件更换项目是否与车损一致及配件价格是否符合当地价格标准；
2）维修项目是否与车损一致及工时费是否符合当地工时标准。

七、查看现场查勘和复勘意见

核损员核损时要仔细查看现场查勘定损单上查勘员写的事故出险经过描述（如下图2-3-17所示），通过查看事故经过描述可以初步判断事故发生的原因，判断事故是否存在骗保的可能以及保险公司是否需要赔偿等。针对需要复勘的案件，核损员要给出复勘意见，如果复勘通过也要给出意见。

八、录入核损意见及赔案相关信息

核损过后，核损员针对活动实施中的案例给出核损结果，如果对于事故无疑问，同意定

机动车辆保险事故查勘记录

保险车辆	报案号	×××××××30105×××××1	保单号	×××××××0301×××××8	被保险人	杨××
	发动机号	G4GL×××41563	车牌号码	*-*	车架号	L×××××0H44X0×××27
	厂牌车型	伊兰特BK7180M 客车	使用性质	非营业	初次登记日期	2004×××-01
	出险驾驶员	杨××	驾证号		职业	
	初次领证日期		准驾车型		性别	年龄
	查勘时间	200□□4-01 15:40:00	查勘地点	保险公司		
	出险时间	200□□-01 15:00	出险地点	义乌×××		
三者车	厂牌车型	出租车	车牌号码	0000000	发动机号	
	驾驶员		驾驶证号		准驾车型	

1、出险原因：碰撞
2、保险车辆的车牌号码、发动机号、车架号与保单上所载明的是否相符：是
3、出险地点 (1)分类：城市道路
　　　　　(2)与报案所报是否一致：是
4、实际使用性质与保单所载明的是否一致：是
5、保险车辆驾驶人员情况与报案人所述是否一致：是
6、保险车辆驾驶人员的驾驶证是否有效：是
7、保险车辆的行驶证是否有效：是
8、保险车辆驾驶人员准驾车型与实际驾驶车辆是否相符：是
9、使用各种专用机械车、特种车的人员是否有国家有关部门颁发的有效操作证：
10、驾驶营业性客车的驾驶人员是否有国家有关部门核发的有效资格证书：
11、保险车辆驾驶人员是否为保险合同约定的驾驶人员：否
12、保险车辆驾驶人员是否为酒后驾车：否
13、保险车辆损失痕迹与事故现场痕迹是否吻合：是
14、事故是否涉及第三方人身伤亡：否
15、事故是否涉及第三方财产损失：否
16、事故是否涉及本车上人员伤亡：否
17、是否在约定行驶区域：是
18、其他需要说明的内容：

| 查勘意见 | 是否属保险责任：是 |
| | 查勘结论：立案！ |

图 2-3-17　查勘意见

损价格则可以核损通过，在核损平台录入核损意见，核损结束；如对案件有疑问或不同意定损则可退回查勘或发起调查处理。

就该案件，核损时发现明显疑点，这些疑点表明，报案人为非事故发生时的实际驾驶员。该案件应该为驾驶员酒后开车，为了逃避责任，采取了调包的方式，建议客户放弃索赔。

项目小结

核损是保险公司确认事故损失金额的步骤，也是最终判定赔偿损失金额的关键。核损还可以进一步细分为核损（狭义）与核价。狭义的核损仅指核定损失的项目，核价是指核定每一个损失的具体报价。一般情况下核损员核定的结果是保险公司认可的损失的最高限额，也是保险公司赔偿的标准。

核损是判定事故责任、事故真实性、事故损失大小的过程，是理赔的很重要的一个流程。作为一名合格的核损员要掌握汽车保险方面的知识、汽车结构基础知识、汽车维修等方面的知识，还要有较强的判断和人际沟通能力。

本项目主要内容就是车险核损的主要工作内容、核损的基本要求和核损的工作流程。

重点和难点就是车险核损的流程。为了让学生更好地掌握和消化该项目的重点和难点，选取车险的实际案例讲述车险核损的工作流程。在本项目的活动实施部分，结合车险核损的基础知识解决车险的实际案例，图文并茂，增加了学生学习的兴趣，提高教学效果。

复习思考题

一、简答题

1. 什么是核损？核损的意义是什么？
2. 车险核损的主要工作任务有哪些？
3. 作出车险核损的流程图。

二、车险核损实操训练

利用车险核损的知识，完成以下案件的核损工作。

报案号：RDDH200831990003545145

报案信息：被保险人李某所持有的红旗 CA7204MT2 轿车，车牌号码江 LA8593 于 2008 年 5 月 10 日 8 时 30 分，由李某驾驶，行驶在辽宁沈阳辽中下高速躲车时撞断路边树木翻到沟里，造成标的车翻倒，车身变形。标的车 2008 年 5 月 10 日零时起保。

查勘定损员在现场查勘后发现以下疑点：

1）标的车的起保日是 2008 年 5 月 10 日零时，出险日是 2008 年 5 月 10 日 8 时 30 分，出险日为起保日的当天。

2）从标的车吊装照片看，吊装前左前门及门槛处已留有吊装痕迹。有先出险后投保之嫌。

3）从事故现场照片可以看到：①树木是被标的车撞断的，但是从树木断裂处干枯的痕迹来看，该树木断裂已有段时间；②根据被保险人描述，车辆是撞断树木后翻到沟里，但是现场没有明显的车辆翻滚痕迹；③标的车的前散热器隔栅（中网）与后风窗玻璃遗落在同一位置。

试利用车险核损的流程完成该案件的核损工作，并写出最终的核损意见。

图 2-3-18 是查勘定损员上传的照片。

图 2-3-18　查勘定损员上传的事故照片

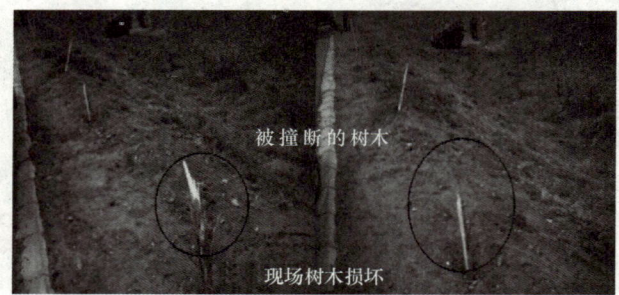

图 2-3-18 查勘定损员上传的事故照片（续）

项目四　汽车保险理算

【学习目标】
1. 掌握汽车保险理算的工作内容和要求。
2. 掌握汽车保险理算的工作流程。
3. 掌握汽车保险各险种的赔款计算方法。

【活动描述】

李某于 2010 年 3 月 14 日驾驶雪佛莱轿车在某停车场，因驾驶不慎倒车撞到后面的车辆，其车辆左后损，对方车辆车头损，李某负全责。被保险人交上来的单证齐全。定损金额标的车 2000 元，对方车辆 2000 元，图 2-4-1 为定损员拍摄的事故现场照片，根据照片信息，试计算李某所在保险公司交强险和商业险的赔偿金额。

 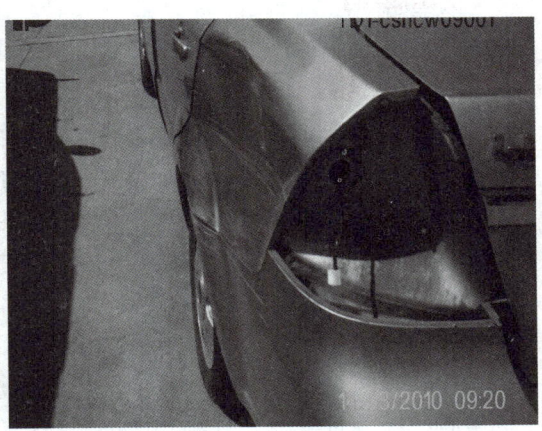

图 2-4-1　事故车辆汽车局部损失照片

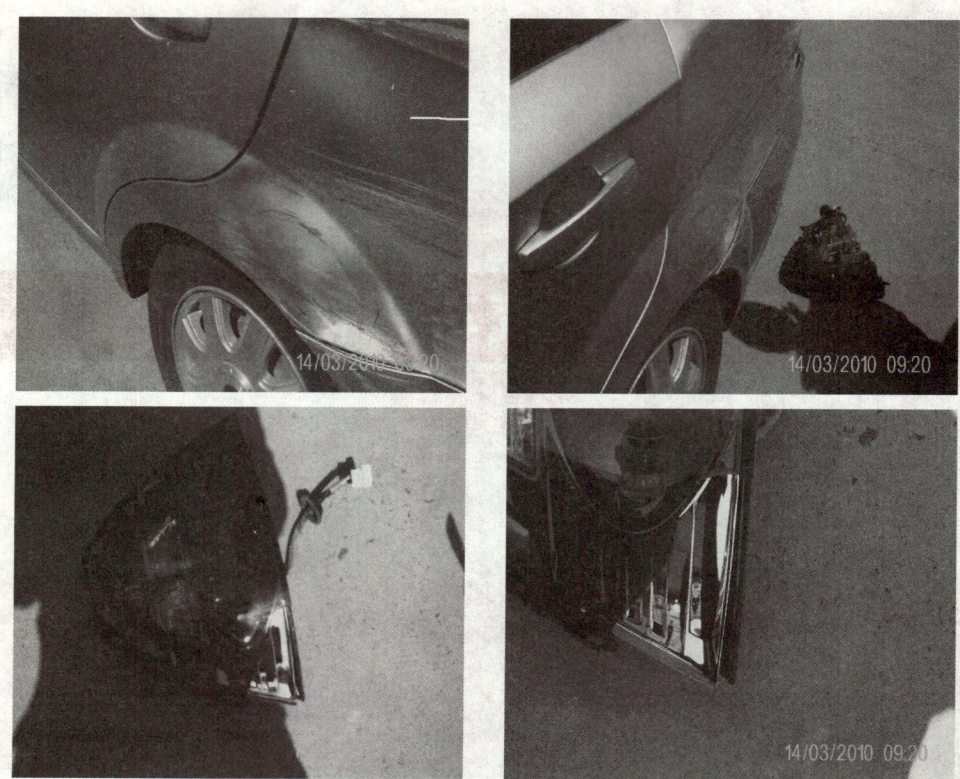

图2-4-1　事故车辆汽车局部损失照片（续）

车险理算是车险理赔中很重要的一环。理算环节涉及各险种的最终赔偿金额。本活动围绕如何做好类似以上案例即汽车保险理赔流程中的理算环节工作而展开，先讲述做好理算所需要具备的基本知识和技能，再在活动实施环节以具体例子来讲述车险各险种理算过程。

【知识准备】

一、汽车保险理算概述

车险理算是指理算人员根据被保险人提供的经审核无误的有关费用单证，对交强险、车辆损失险、第三者责任险、附加险及施救费用等险种分别计算赔偿金额的过程。

理算既是保险公司兑现销售保单时的承诺，履行保险合同义务的具体体现；也是权利人获得实际保险保障和实现其保险权益的重要途径。

（一）汽车保险理算规则

1. 分险种计算，先计算交强险，再计算商业险，注意扣除各种免赔

一个案件可能涉及两个或者两个以上险种的赔偿，理算人员在计算赔款时，一定要按照不同险种的赔款计算公式计算相应的赔款。存在交强险和商业险同时赔偿时，要先计算交强险的赔偿金额，商业险相应的赔偿金额要扣除交强险赔偿部分。另外，商业险计算赔偿时一定要注意是否存在需要扣除的免赔部分。

2. 按照各险种的计算公式计算

每个险种都有计算公式，理算人员计算各险种的赔款时，要严格按照各险种的计算公式计算赔款金额。

（二）理算中的注意事项

理算人员在计算赔款前，应该审核被保险人提交的索赔单证是否齐全和有效。

1. 关于出险通知书的问题

《出险通知书》应由索赔权益人或者被保险人填写，内容要填写完整。若索赔权益人是某单位的，则应加盖单位公章。若索赔权益人为个人，则应由个人签名或者盖章。《出险通知书》不接受传真件，但是可用《机动车辆保险索赔申请书》代替。

2. 关于事故证明的问题

如果是道路交通事故，索赔人应提供交通管理部门出具的《道路交通事故责任认定书》、《损害赔偿调解书》或者法院出具的调解书、判决书。《道路交通事故现场调解书》的内容要清晰，要有民警及事故双方的签名。

《道路交通事故责任认定书》等于现场事故认定书及事故证明，认定书上要写清楚事情经过和赔付责任，若有更改，则要求加盖更正章或公章。

非道路交通事故应提供公安部门证明，公安部门证明上要写明驾驶人，车牌号，事故发生时间、地点、事情经过、认定责任。

3. 关于驾驶证和行驶证的问题

只需提供驾驶证和行驶证的复印件。复印件记载的内容要复印清楚，能看清有效期范围。

（1）驾驶证　若是 A1、A2、B1、B2、BE 等执照，需当事人的体检回执。60 周岁以上的人也需提供体检回执单。外地驾证为 60 岁以上的人，盖章要盖在驾驶证上。发照日期在一年之内的，则不需要提供体检回执。军队的军官需提供军官证，不需要驾驶证。

（2）行驶证　看户名、车牌号是否一致，是否在有效期内。有临时移动证的需提供复印件或原件，应注意看有效期。

4. 关于修车发票、施救费的问题

修车发票一般分为增值税专用发票、增值税普通发票、商业发票（可为手写的），提供增值税专用发票的同时需提供抵扣联发票；手写发票上必须写明车牌号，若有更改的地方需盖更正章；一般提供的都是发票原件，但当被保险人为单位并划入自家账户时，可提供发票复印件且需加盖索赔权益人印章（红色的），若划入其他修理厂（需委托书），则需发票原件；非机动车（电瓶车、自行车等）可使用服务业发票或者工商业发票。

5. 关于车辆估损单、财产修理发票的问题

车辆估损单需提供原件，财产损失清单也需提供原件，估损金额必须经保险公司客户服务中心估损人员认可。对于财物的损失一般提供的是商业发票原件，并盖章。

6. 关于外地的车损问题

对异地赔款的案件，保险公司的赔款只能通过转账的方式支付给被保险人，被保险人不能领现金。有些地方的汽车修理公司不一定能提供汽车专用发票，对于这种情况，保险公司只要求发票上面写明车牌号码和维修金额。

在理算过程中也会遇到一些特别的案例，例如：被保险人和索赔申请书上都是同一个单位，但系统中涉及另一家单位，这时需要查看历史批单里是否有批改。批改时间就是批改生效的日期。如果在出险日期前批改的则可以算，如果是在出险日期后批改生效的，则视作事后批改，保险公司不予理赔。同样的情况，有些客户的行驶证做了批改，行驶证车主由被保险人改为其他人（一般情况下被保险人是谁，行驶证的车主就相应的是谁），这需要索赔人提供车管所过户登记表，再查看一下行驶证上的发动机号是否与报案时的出险车辆的发动机号一致。如果一致，则可以确定是该车辆出险。

7. 理算中不是全赔的情况

1）车损险、商业险等未保不计免赔，根据责任的比例来计算赔偿金额；

2）车身划痕险的免赔率为15%；

3）车停受损扣30%；

4）车辆被对方掉落物砸坏要扣30%；

5）施救费中路面清扫、石墩复位、停车费等超出施救费范围不赔（施救费是指为了保护和施救保险机动车而支出的直接的、必要的，合理的并符合国家或当地政府有关规定或当地行业标准的费用。）表2-4-1为某保险公司的施救费赔偿范围。

表2-4-1　某保险公司的施救费赔偿范围　　　　　　　　　　（单位：元）

道路类型 车型	普通道路	高架、高速公路
小轿车	150	200
大客车	200	250
特种车	500	600

8. 不负责赔偿的情况

1）交强险不负责赔偿和垫付的四种情况　①因受害人故意造成的交通事故的损失；②被保险人所有财产及被保险机动车的财产损失；③间接损失；④因交通事故产生的仲裁或者诉讼费用以及其他相关费用。

2）保险人不负责抢救费用外的其他损失和费用的赔偿的四种情况　①驾驶人未取得驾驶执照；②醉酒驾车；③被保险机动车被盗抢期间肇事的；④情绪发泄造成的事故。

3）不予支付抢救费用的情况　①事故不构成保险责任，如受害人的故意行为等；②应由道路交通事故社会救助基金垫付的抢救费用（抢救费用超过交强险医疗费用赔偿限额的、肇事机动车未参加机动车交通事故责任强制保险的、机动车肇事后逃逸的）。

4）非抢救费用或抢救费用不符合国务院卫生主管部门组织制定的有关临床诊疗指南和国家基本医疗保险标准的费用。

5）非本次事故交强险受害人的抢救费用。

9. 单证分割

如果交强险和商业三者险在不同的保险公司投保，如损失金额超过交强险责任限额，由交强险赔偿公司留存已赔偿部分发票或费用凭据原件，将需要商业保险赔付的项目原始发票或发票复印件，加盖保险人赔款专用章，交被保险人办理商业险索赔事宜。

二、汽车保险理算流程

理算人员在理算前先看案件是否存在没有解决的问题，如有问题，当做存案，将有问题的案子放在一起，并写好备注，注明案子的具体原因。稍后联系客户或外勤，确认没问题，可以根据上传资料写理算金额，然后按照输入理算员姓名→收单→理算→联系存案→核赔→归档→寄信的流程完成理算工作。

1. 输入理算员姓名

理算前，理算员登录系统，打印（系统页面的左边）→车辆出险信息表→输入报案号→搜索→选择案件号码→案件备注→选择车损险案号→输入管理员姓名和日期（同时有车损险和交强险的只要在车损险中输入即可）。

2. 收单

收单之前要确定收单的案子是否已经没有问题，如上交的索赔材料是否齐全，材料发票上的车辆信息是否和实际出险车辆的信息相符，发票上是否已经盖章，发票上所盖的章是否与委托的修理厂的名称相符等，然后收集单证，理赔系统中单证收集环节界面如图 2-4-2 所示。

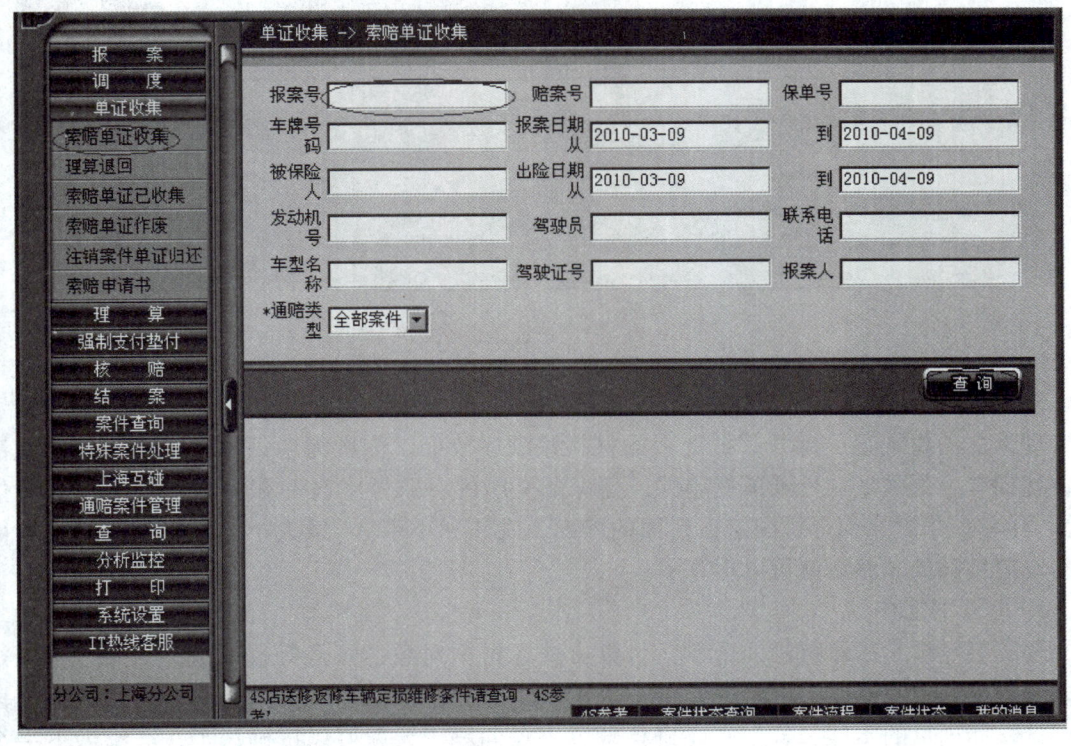

图 2-4-2　单证收集

理算员进入理算界面后，按照如下流程完成单证收集；单证收集→索赔单证收集→输入报案号（或者车牌号）→搜索→选择案件号码→在驾驶证、行驶证、公安局派出所证明、个人其他后面勾选→在必要的地方填满（如邮编、地址、电话等）→收集完成。

如果既要算车损险赔款，又要算交强险赔款，理算人员只要选择其中一个险种按上述步骤做，另一个险种只要选择案件列表，如果车损险和交强险的单证收集齐全，理算人员只要点击收集完成就行，具体操作可以参照图2-4-2和图2-4-3进行。

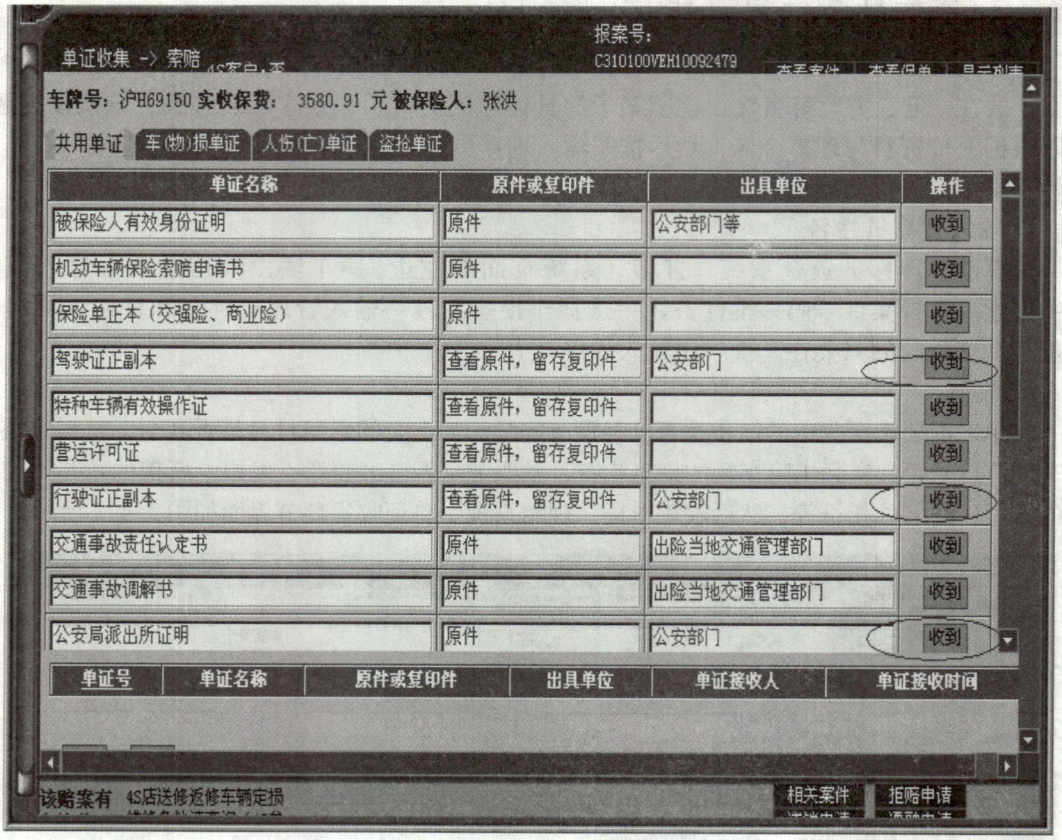

图2-4-3　确认单证是否收集齐全

3. 理算

理算之前要把案子拆开，把上交的材料按顺序放好，依次为申请书，证明，发票或清单，估损单，驾驶证、行驶证复印件，身份证复印件、账号（没有账号的在材料里会有信封），保单。信封用回形针固定在封面的外面，发票和小于A4纸大小的纸张都要粘在封面上的发票粘贴处，然后就可以理算了。

4. 理算书复核

理算书复核是指对赔偿的金额、付款方式、付款对象、账号等表示确认（图2-4-4），如果发现理算中有错误，可以按退回理算书修改，把错误的地方修改一下（图2-4-5），再按确认，和理算的步骤一样。真正确认理算书没问题了，就可以按确认了，继续做下一个案子。

5. 联系存案

发现有问题的案子要联系客户或者外勤。与客户联系时要让对方清楚地知道你想说的内容，不要过于拖沓，让客户搞不清你要表达的意思。对有疑问的客户，要耐心解答客户的疑问，不要让客户有投诉的理由。联系外勤也要把问题简单明了地告知，让外勤尽快把案子做好交上来，如多次催还没做上来，就要联系他们的领导，让他们的领导知道。

项目四 汽车保险理算

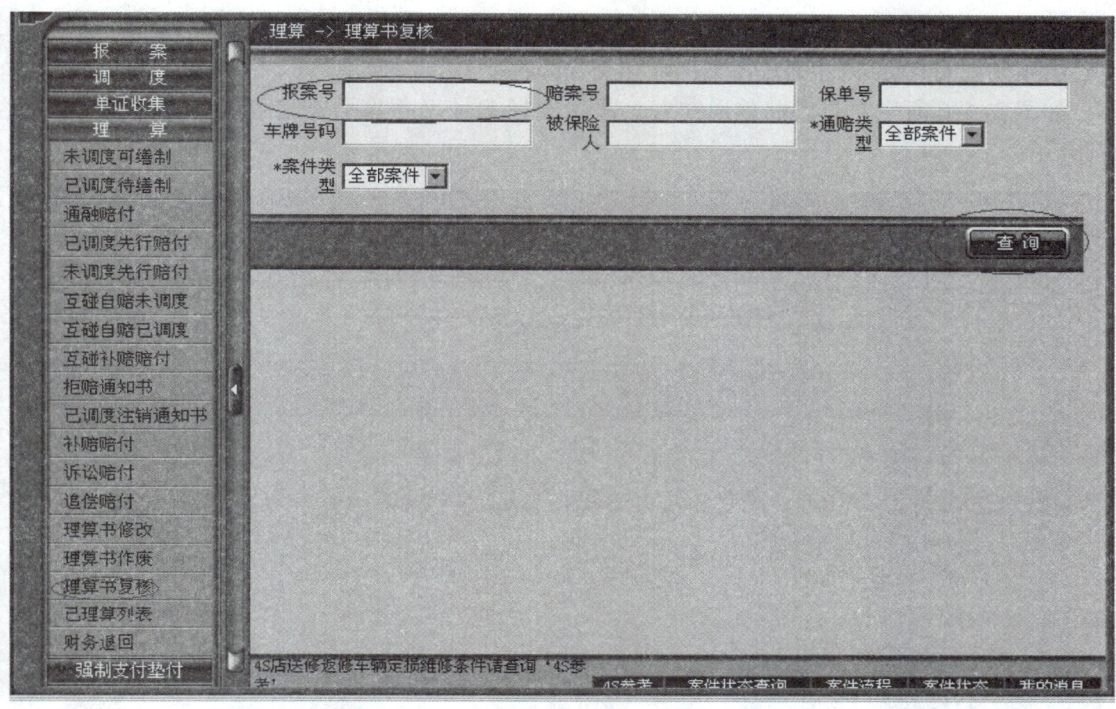

图 2-4-4 理算书复核界面

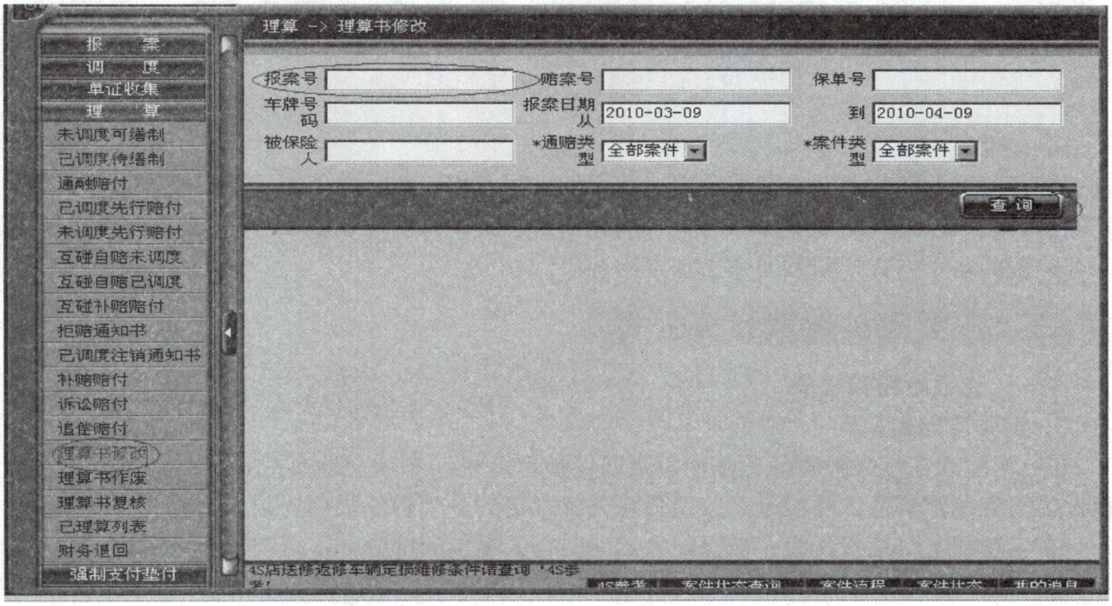

图 2-4-5 理算书修改界面

137

6. 归档

把没有问题的、做好的案子放在一起，记录报案号。将有信封和没信封的案子分开，有信封的案子要打印赔款通知书（车损险和交强险都要）。

如图 2-4-6 所示，打印赔款通知书，首先选择案号（报案号或者赔案号都可以）然后打印。

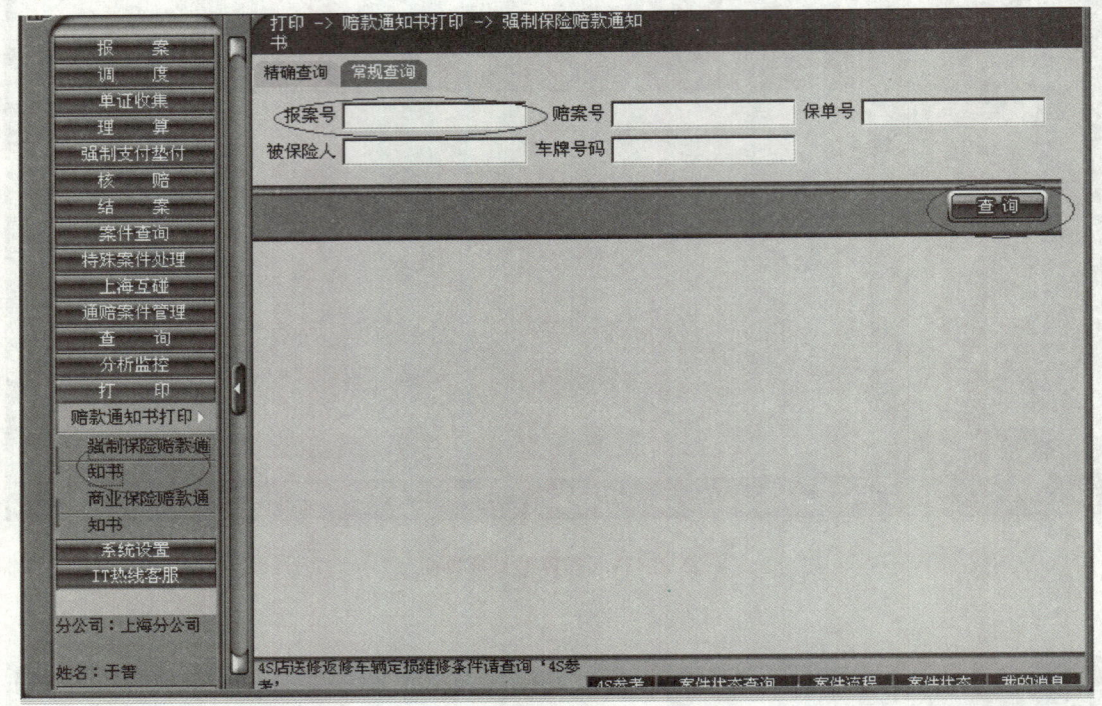

图 2-4-6 缮制保险赔款通知书界面

7. 寄信

把打印好的赔款通知书裁剪后盖上公章放入写有相应案号的信封，并用胶水封口。把封好的信封扎在一起，贴上黄贴，写上日期和信封总数，以及写有电话号码的信封总数，后按照客户留的联系方式把赔款通知书邮寄给客户。

三、主要险种赔款计算公式

（一）交强险赔款理算

1. 交强险赔偿原则

1）保险人在交强险责任范围内负责赔偿被保险机动车因交通事故造成的对被保险人受害人的损害赔偿责任，赔偿金额以交强险条款规定的分项责任限额为限。

在上述损害赔偿责任中，被保险人未向受害人赔偿的部分，不得向保险人提出索赔。

2）被保险人书面请求保险人直接向第三者（受害人）赔偿保险金的，保险人应向第三者（受害人）就其应获赔偿部分直接赔偿保险金。

被保险人未书面请求保险人向第三者（受害人）赔偿保险金，且接保险人通知后，无故不履行赔偿义务超过15日的，保险人有权就第三者（受害人）应获赔偿部分直接向第三者（受害人）赔偿保险金。

3）交强险的案件应与其他保险险种分开立案、分开记录、分开结案。

4）道路交通事故肇事方（被保险人）、受害人等对交强险赔偿以上部分存在争议的，不影响其及时获得交强险的赔偿。道路交通事故肇事方（被保险人）、受害人等对交强险某分项责任赔偿存在争议的，不影响其及时获得交强险其他分项责任的赔偿。

2. 交强险赔款计算公式

保险人在交强险各分项赔偿限额内，对受害人死亡伤残费用、医疗费用、财产损失分别计算赔偿。"受害人"为被保险机动车的受害人，不包括被保险机动车本车车上的人员、被保险人。

（1）只涉及 1 辆肇事车辆时的交强险理算公式

$$各分项损失赔款 = \Sigma 各受害人各分项核定损失承担金额$$

即：

$$死亡伤残费用赔款 = \Sigma 各受害人死亡伤残费用核定承担金额$$
$$医疗费用赔款 = \Sigma 各受害人医疗费用核定承担金额$$
$$财产损失赔款 = \Sigma 各受害人财产损失核定承担金额$$

其中：若各受害人各分项核定损失承担金额之和超过被保险机动车交强险相应分项赔偿限额的，各分项损失赔款等于交强险各分项赔偿限额。

各受害人各分项核定损失承担金额之和超过被保险机动车交强险相应分项赔偿限额的，各受害人在被保险机动车交强险分项赔偿限额内应得到的赔偿计算公式如下：

$$被保险机动车交强险对某一受害人分项损失的赔偿金额 = 交强险分项赔偿限额 \times [事故中某一受害人的分项核定损失承担金额 / (\Sigma 各受害人分项核定损失承担金额)]$$

（2）涉及多辆机动车肇事的交强险理算规则

1）各被保险机动车的保险人分别在各自的交强险各分项赔偿限额内，对受害人的分项损失计算赔偿。

2）各方机动车按其适用的交强险分项赔偿限额占总分项赔偿限额的比例，对受害人的各分项损失进行分摊。

3）某分项核定损失承担金额 = 该分项损失金额 × [适用的交强险该分项赔偿限额 / (Σ各致害方交强险该分项赔偿限额)]

4）肇事机动车中的无责任车辆，不参与对其他无责任车辆和车外财产损失的赔偿计算，仅参与对有责方车辆损失或车外人员伤亡损失的赔偿计算。

5）无责方车辆对有责方车辆损失应承担的赔偿金额，由有责方在本方交强险无责任财产损失赔偿限额项下代赔。

6）肇事机动车均有责任且适用同一限额的，简化为各方机动车对受害人的各分项损失进行平均分摊。

对于受害人的机动车、机动车上人员、机动车上财产损失的计算公式如下：

$$某分项核定损失承担金额 = 受害人的该分项损失金额 / (N-1)$$

对于受害人的非机动车、非机动车上人员、行人、机动车外财产损失的计算公式如下：

$$某分项核定损失承担金额 = 受害人的该分项损失金额 / N$$

注：N 为事故中所有肇事机动车的总数。

肇事机动车中若有应投保而未投保交强险的车辆，视同投保机动车参与计算。

3. 交强险理算案例

被保险机动车 A 发生交通事故，导致行人甲、乙受伤。甲医疗费用 2000 元，死亡伤残费用 5000 元，乙抢救费用 6000 元，死亡伤残费用 60000 元。

计算要点：

（1）死亡伤残赔偿

因为 5000 元 + 60000 元 = 65000 元 < 限额 11 万元，所以交强险死亡伤残赔偿 65000 元。其中：A 车交强险对甲死亡伤残费用的赔偿金额 = 65000 元 × 5000 元/（5000 + 60000）元 = 5000 元。

A 车交强险对乙死亡伤残费用的赔偿金额 = 65000 元 × 60000 元/65000 元 = 60000 元。

（2）医疗费用赔偿

因为 2000 元 + 6000 元 = 8000 元 < 限额 1 万元，所以交强险总医疗费用赔偿 8000 元，其中：交强险赔给甲的医疗费为 2000 元，赔给乙的医疗费为 6000 元。

（二）车损险计算公式

1. 车辆全部损失或推定全损的计算方式

（1）保险金额高于出险时的实际价值

赔款 =（出险时的实际价值 − 应由机动车交通事故责任强制保险赔偿的金额）× 事故责任比例 ×（1 − 事故责任免赔率）×（1 − 绝对免赔率之和）

（2）保险金额等于或低于出险时的实际价值

赔款 =（保险金额 − 应由机动车交通事故责任强制保险赔偿的金额）× 事故责任比例 ×（1 − 事故责任免赔率）×（1 − 绝对免赔率之和）

2. 车辆部分损失的计算方式

赔款 =（实际修复费用 − 应由机动车交通事故责任强制保险赔偿的金额）× 保险金额/投保时的新车购置价 × 事故责任比例 ×（1 − 事故责任免赔率）×（1 − 绝对免赔率之和）

注：汽车的实际价值 = 新车购置价 − 折旧金额

汽车保险折旧按月计算，不足 1 个月的部分，不计折旧。最高折旧金额不超过投保时保险机动车新车购置价的 80%。

折旧金额 = 投保时的新车购置价 × 保险机动车已使用月数 × 月折旧率（见表 2-4-2）。

表 2-4-2　车辆折旧率

车辆种类	月折旧率
9 座及 9 座以下非营运客车（含越野车）	6‰
出租车、轻微型载货汽车、矿山作业用车、带拖挂的载货汽车	12‰
其他类型车辆	9‰

3. 车损险计算案例

一辆私人生活用车，已使用 5 年 3 个月，新车购置价（含车辆购置税）为 10 万元，2008 年 8 月 1 日在 A 保险公司投保了车损险，保额为 10 万元（足额投保），2008 年 11 月 5 日发生单方事故造成全损，标的全责，残值 3000 元。问保险公司赔款应为多少？

计算要点：

1）本起事故造成标的全损，投保时为足额投保，保险金额大于出险时实际价值，所以选择公式为

赔款 =（实际价值 – 残值 – 应由机动车交通事故责任强制保险赔偿的金额）× 事故责任比例 ×（1 – 事故责任免赔率）×（1 – 绝对免赔率之和）

2）标的实际价值 = 新车购置价 × [1 –（12 × 5 + 3）× 0.6%] = 62200（元）；

3）残值为 3000 元。

4）单方事故不存在机动车交通事故责任强制保险赔偿，责任为全责，免赔率为 15%。

5）无其他绝对免赔率。

6）交强险不负责本车损失，交强险赔偿金额为 0。

赔款 =（实际价值 – 残值 – 应由机动车交通事故责任强制保险赔偿的金额）× 事故责任比例 ×（1 – 事故责任免赔率）×（1 – 绝对免赔率之和）

保险公司的赔款 =（实际价值 – 残值 – 0）× 1 ×（1 – 15%）×（1 – 0）
= （62200 – 3000）元 × 85% = 52870 元

所以，本案中保险公司的赔款为 52870 元。

（三）商业第三者责任险赔款计算公式

1）当（第三者损失金额 – 交强险分项赔偿限额）× 事故责任比例高于每次事故赔偿限额时：

赔款 = 每次事故赔偿限额 ×（1 – 事故责任免赔率）×（1 – 绝对免赔率之和）

2）当（第三者损失金额 – 交强险分项赔偿限额）× 事故责任比例等于或低于每次事故赔偿限额时：

赔款 =（第三者损失金额 – 交强险分项赔偿限额）× 事故责任比例 ×（1 – 事故责任免赔率）×（1 – 绝对免赔率之和）

3）商业第三者责任险赔款计算案例。

2008 年 1 月 2 日，A 车与 B 车相撞，A 车损失 2300 元，B 车损失 80000 元。交警核定此次事故 A 车负全责，B 车无责。A、B 两车都承保了交强险、商业三者险（保额 5 万元）。假设两车都无其他特约免赔，问保险公司各险种的赔偿金额分别为多少？

计算要点分析：

1）A 车全责应在交强险有责限额内承担 B 车损失 2000 元。

2）A 车全责，事故责任免赔率为 20%。

3）A 车被保险人按事故责任比例应承担的赔偿

金额 =（80000 元 – 2000 元）× 100% = 78000 元

4）A 车被保险人按事故责任比例应承担的赔偿金额超过了责任限额，所以应使用公式为：

赔款 = 每次事故赔偿限额 ×（1 – 事故责任免赔率）×（1 – 绝对免赔率之和）

5）B 车无责，只需在交强险无责限额内承担无责 100 元，商业险无需承担。

6）其他超限额损失应由 A 车自行承担。

赔偿结果：

1）A 车交强险承担 B 车损失 2000 元。

2）A 车商三险承担 B 车损失：

$$\text{赔款} = 每次事故赔偿限额 \times (1 - 事故责任免赔率) \times (1 - 绝对免赔率之和)$$
$$= 50000 \text{元} \times (1 - 20\%) \times (1 - 0) = 40000 \text{元}。$$

3）B车交强险承担A车损失100元，由A车所在保险公司在交强险下代赔。

（四）全车盗抢险赔偿计算的规定

1）全车损失，在保险金额内计算赔偿，但不得超过保险事故发生时被保险机动车的实际价值。

$$\text{全车盗抢险赔款} = 车辆实际价值 \times (1 - 20\%)$$

注：以上计算公式中的20%为全车盗抢险全车损失的免赔率。

2）部分损失，在保险金额内赔偿修理费用，无免赔率。

（五）车上人员责任险的赔款计算

发生车上人员的人身伤亡后，本保险按以下方法计算车上人员的赔偿金额：

1）当被保险人按事故责任比例应付的赔偿金额高于每座赔偿限额时：

$$\text{赔款} = 每座赔偿限额 \times (1 - 事故责任免赔率) \times (1 - 绝对免赔率)$$

2）当被保险人按事故责任比例应付的赔偿金额等于或低于每座赔偿限额时：

$$\text{赔款} = 应负赔偿金额 \times (1 - 事故责任免赔率) \times (1 - 绝对免赔率)$$

（六）垫付案件的处理

1. 抢救费用的垫付条件

同时满足以下条件的，保险公司可垫付受害人的抢救费用。

1）符合《机动车交通事故责任强制保险条例》第二十二条规定的情形；

2）接到公安机关交通管理部门要求垫付的通知书；

3）受害人必须抢救，且抢救费用已经发生，抢救医院提供了抢救费用单据和明细项目；

4）不属于应由道路交通事故社会救助基金垫付的抢救费用。

2. 垫付标准

1）按照交通事故人员创伤临床诊疗指南和抢救地的国家基本医疗保险的标准，在交强险医疗费用赔偿限额或无责任医疗费用赔偿限额内垫付抢救费用。

2）被抢救人数多于1人且在不同医院救治的，在医疗费用赔偿限额或无责任医疗费用赔偿限额内按人数进行均摊；也可以根据医院和交警的意见，在限额内酌情调整。

3. 垫付方式

自收到交警部门出具的书面垫付通知（形式如图2-4-7所示）、伤者病历/诊断证明、抢救费用单据和明细之日起，及时向抢救受害人的医院出具《承诺垫付抢救费用担保函》，或将垫付款项划转至抢救医院在银行开立的专门账户，不进行现金垫付。

（七）诉讼案件的处理

人寿保险以外的其他保险的被保险人或者受益人，向保险人请求赔偿或者给付保险金的诉讼时效期间为两年，自其知道或者应当知道保险事故发生之日起计算。

诉讼时效的抗辩必须在一审中提出。一审未抗辩而二审提出的，法院不予支持，但新证据出现而证明的除外。

（八）预赔案件处理

预付赔款案件是指案件损失严重或社会影响大，经核定属于保险责任并在不超过预估损失金额的50%（交强险赔付不受此限）的范围内，可预付该部分赔款。

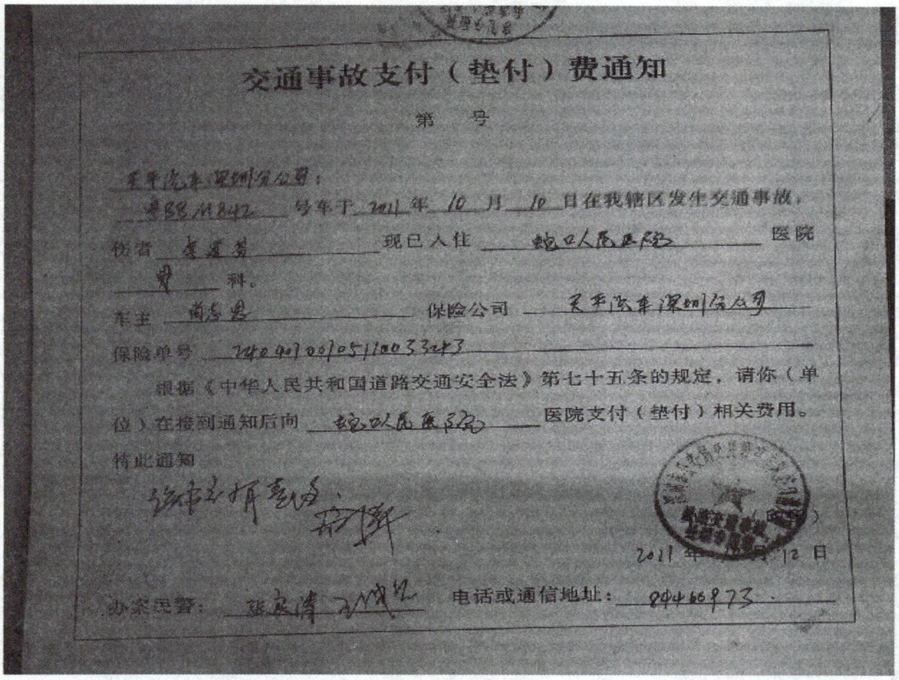
交通事故支付（垫付）费通知

第 号

天平汽车深圳分公司：

粤B8M842 号车于 2011 年 10 月 10 日在我辖区发生交通事故，

伤者 现已入住 蛇口人民医院 医院

骨 科。

车主 保险公司 天平汽车深圳分公司

保险单号

根据《中华人民共和国道路交通安全法》第七十五条的规定，请你（单位）在接到通知后向 蛇口人民医院 医院支付（垫付）相关费用。

特此通知

2011 年 12 日

办案民警： 电话或通信地址： 84460973

图 2-4-7 交通事故支付（垫付）费通知

【活动实施】

案例 1 车险网络理算

报案号：C310100VEH10086671。

报案信息：被保险人赵某所持有的车牌号码江 LA8593 于 2011 年 5 月 10 日 8 时 30 分发生追尾事故，后经保险公司定损金额为 350 元，查勘费用为 150 元。赵先生车辆负全责，试完成该案件的网上理算工作。

1. 交强险理算

根据案件责任的认定选择全责→将查勘理费手动改为 × × 元（图 2-4-8）→增加无责代赔明细（图 2-4-9）→根据损失情况和车主的事故责任情况生成详细计算公式（图 2-4-10）→确认收款人类别（图 2-4-11）。

2. 车损险理算

根据案件责任的认定选择全责、主责、同责或者次责（图 2-4-12）→如不是全责，根据责任的认定手动改绝对免赔（主责：0.7；同责：0.5；次责：0.3）→将勘察理赔费手动改为 × × 元（图 2-4-13）→是否全损：否→生成详细计算公式（图 2-4-14）→赔付账号信息→导入默认值完成（图 2-4-15）。

案例 2 交强险赔款计算

案情：A、B 两机动车互碰，发生交通事故，两车均有责任。A、B 两车车损分别为 2000 元、5000 元，B 车车上人员医疗费用 7000 元，死亡伤残费用 6 万元，另外，造成路产损失 1000 元。试计算交强险的赔款情况。

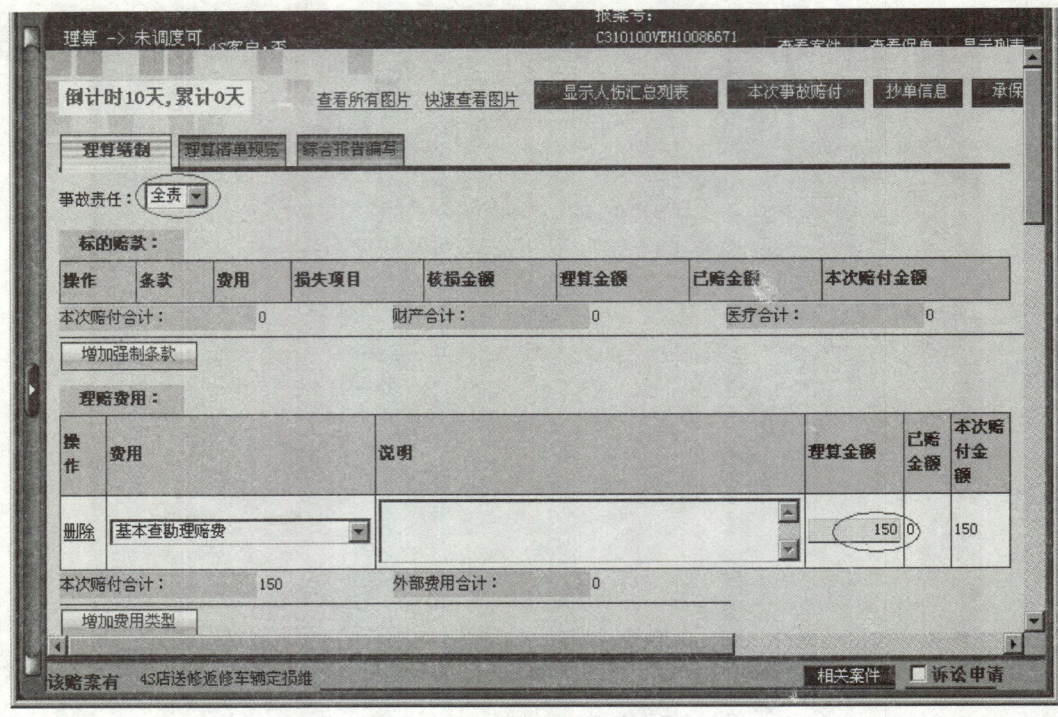

图 2-4-8　输入查勘费用

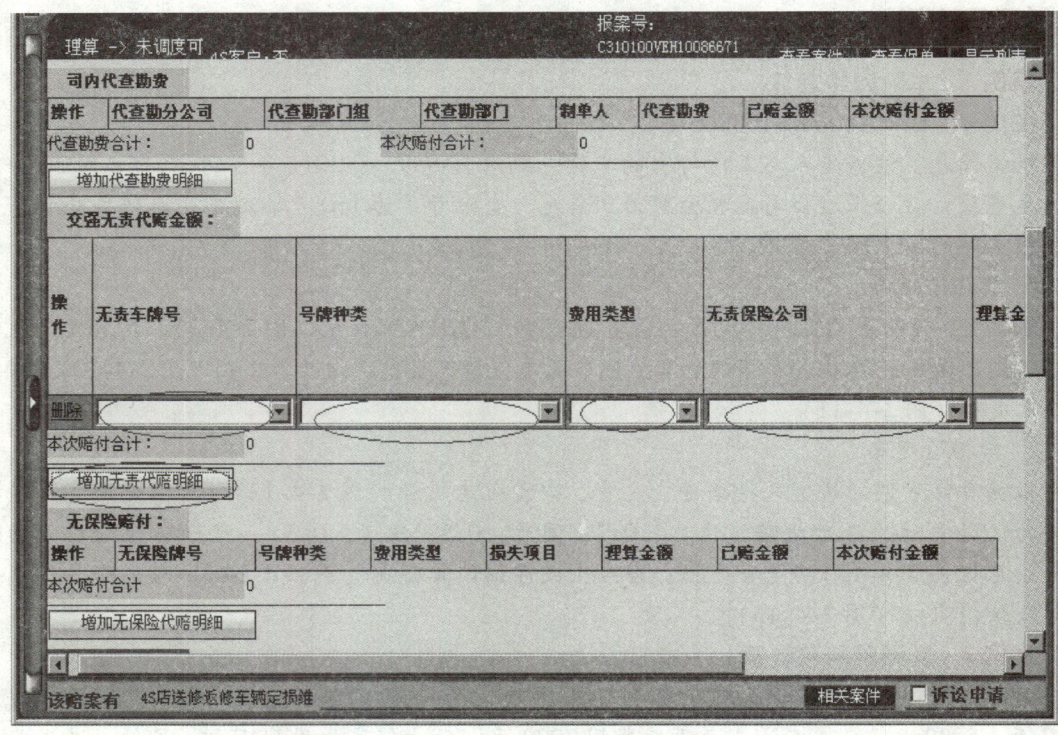

图 2-4-9　查看事故免赔情况

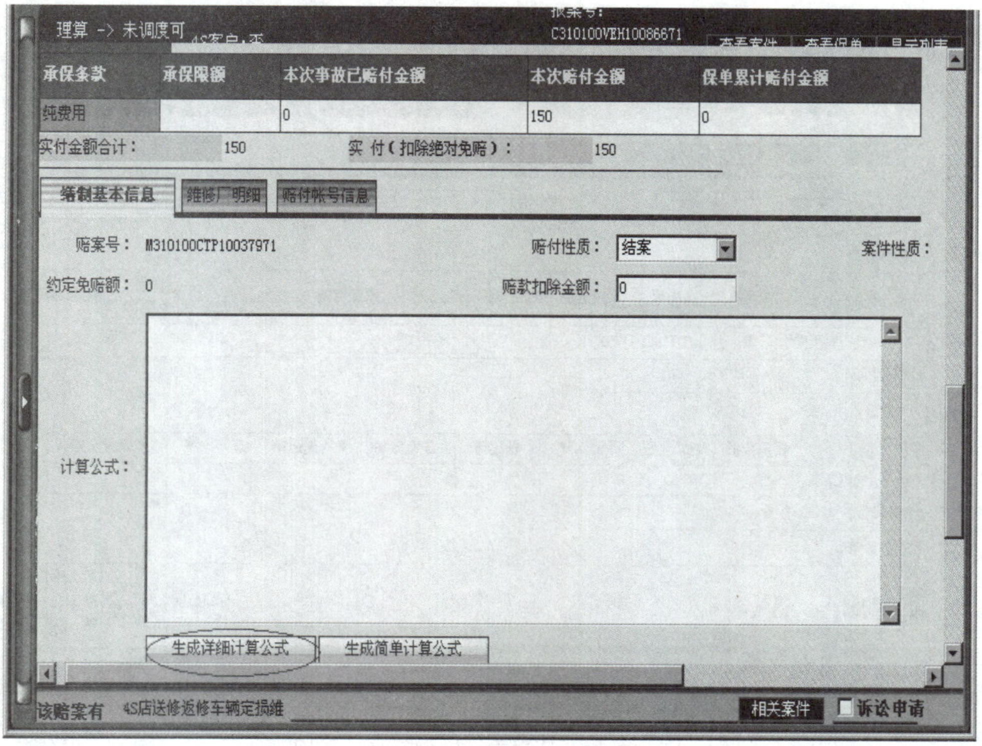

图 2-4-10　生成详细计算公式

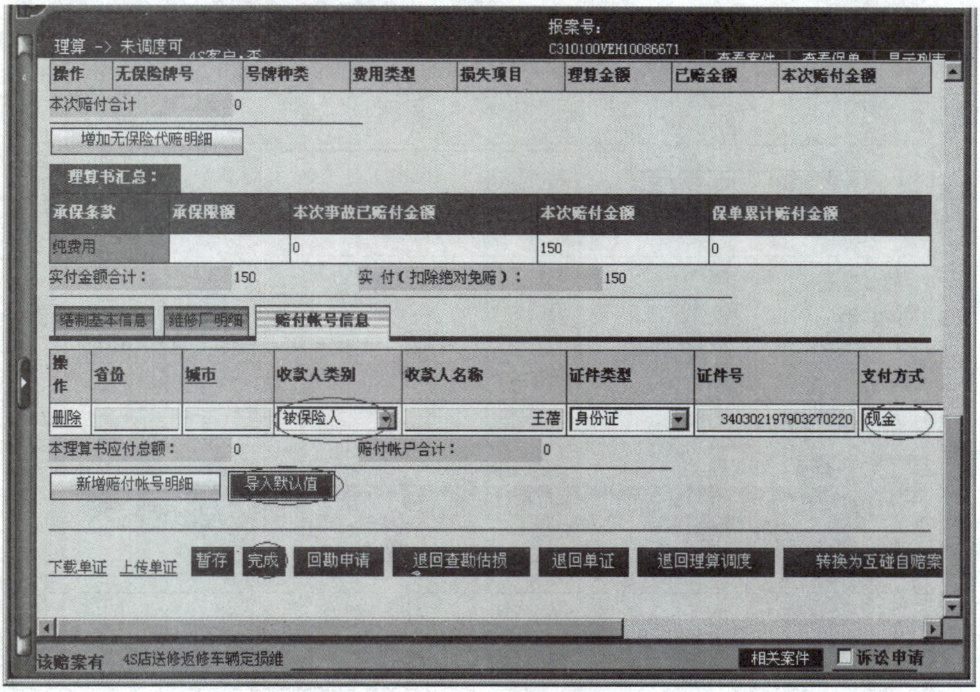

图 2-4-11　确认收款人类别

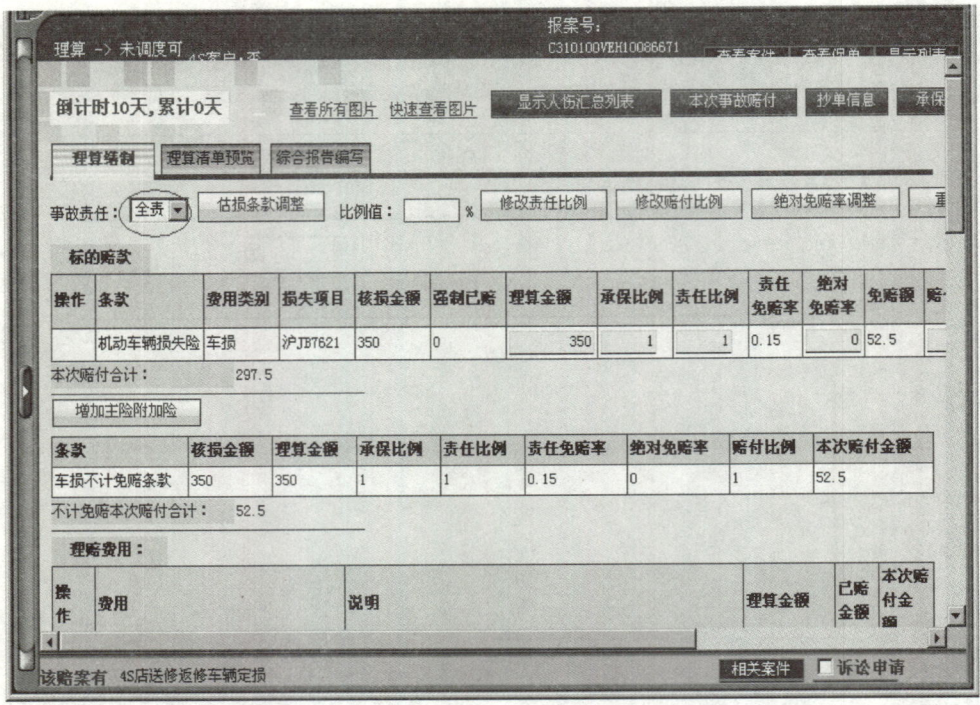

图 2-4-12 选定案件的事故责任比例

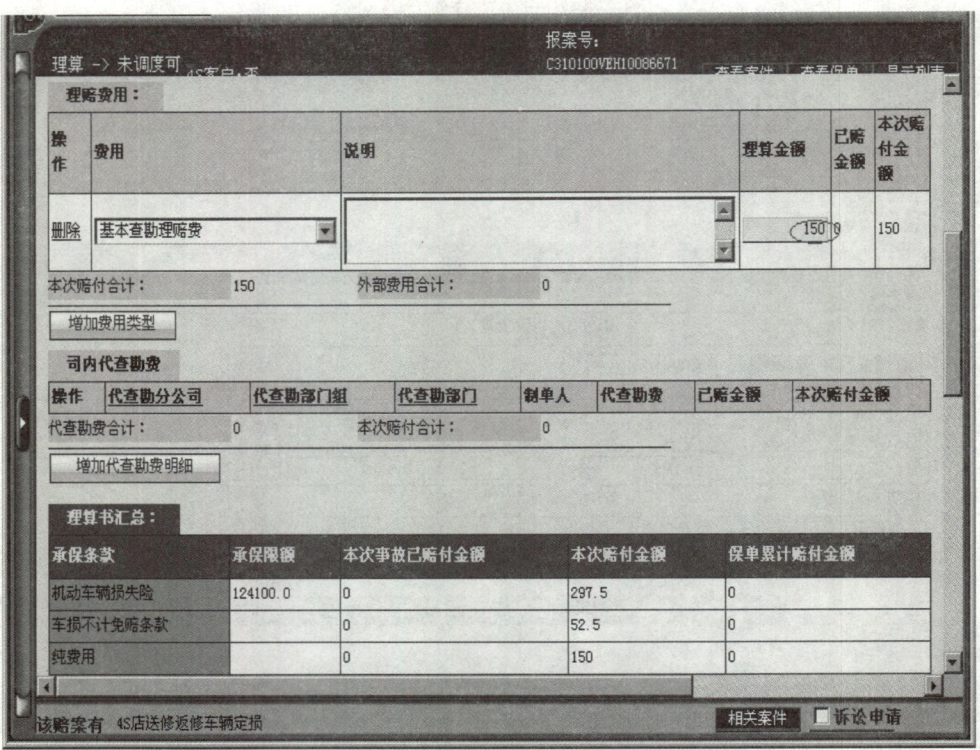

图 2-4-13 输入查勘费用

项目四 汽车保险理算

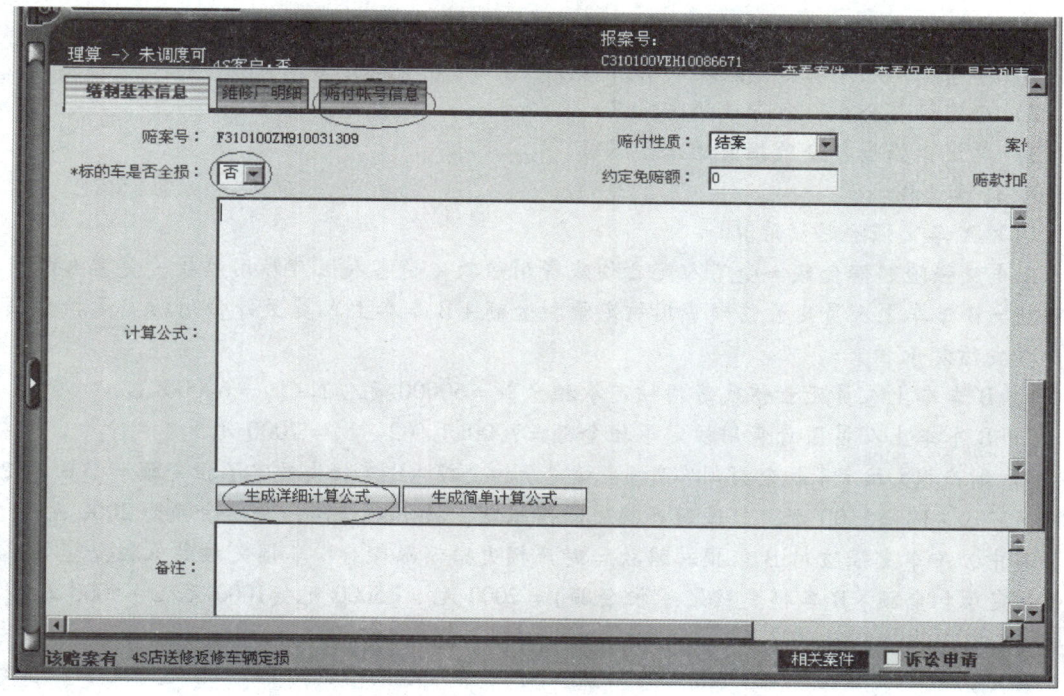

图 2-4-14 生成详细计算公式

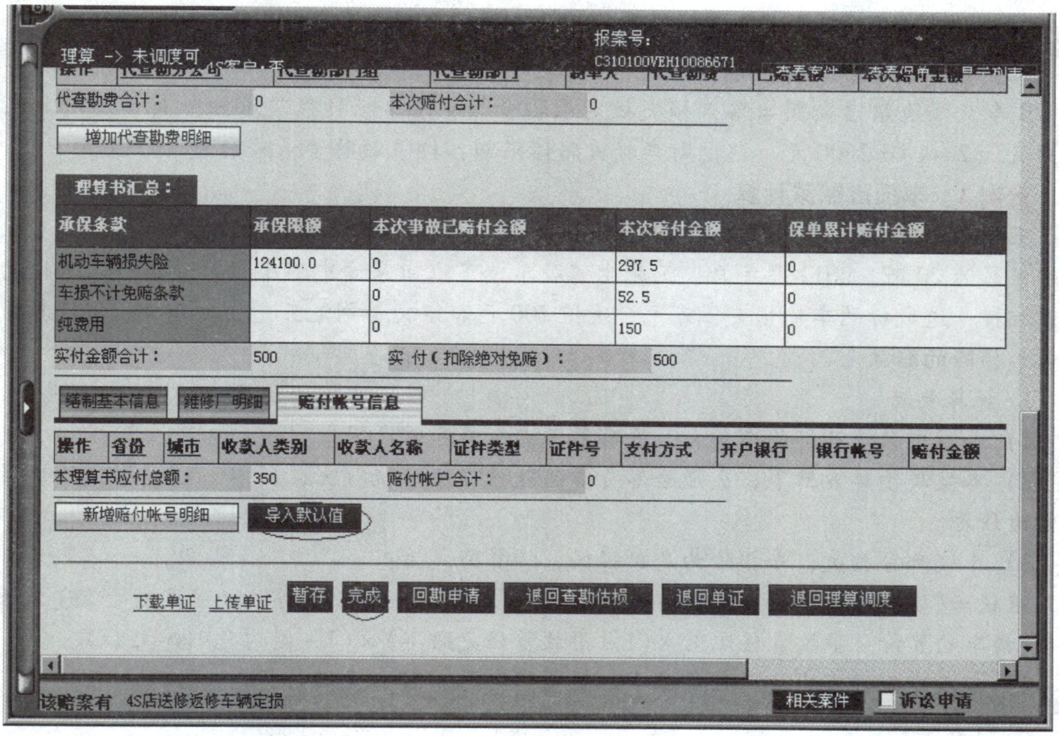

图 2-4-15 导入默认值

1. 计算要点
1) 本案例中两车碰撞,两车均有责任。
2) 确定计算公式,各分项损失情况。
3) 熟记交强险各分项损失的赔偿限额。

2. 计算过程

(1) A车交强险赔偿计算

A车交强险赔偿金额 = 受害人死亡伤残费用赔款 + 受害人医疗费用赔款 + 受害人财产损失赔款 = B车车上人员死亡伤残费用核定承担金额 + B车车上人员医疗费用核定承担金额 + 财产损失核定承担金额

1) B车车上人员死亡伤残费用核定承担金额 = 60000元/(2-1) = 60000元
2) B车车上人员医疗费用核定承担金额 = 7000元/(2-1) = 7000元
3) 财产损失核定承担金额 = 路产损失核定承担金额 + B车损失核定承担金额 = 1000元/2 + 5000元/(2-1) = 5500元,超过财产损失赔偿限额,按限额赔偿,赔偿金额为2000元。

其中,A车交强险对B车损的赔款 = 财产损失赔偿限额 × B车损失核定承担金额/(路产损失核定承担金额 + B车损失核定承担金额) = 2000元 × [5000元/(1000元/2 + 5000元)] = 1818.18元。

其中,A车交强险对路产损失的赔款 = 财产损失赔偿限额 × 路产损失核定承担金额/(路产损失核定承担金额 + B车损失核定承担金额) = 2000元 × [(1000元/2)/(1000元/2 + 5000元)] = 181.82元。

4) A车交强险赔偿金额 = 60000元 + 7000元 + 2000元 = 69000元。

(2) B车交强险赔偿计算

B车交强险赔偿金额 = 路产损失核定承担金额 + A车损失核定承担金额 = 1000元/2 + 2000元/(2-1) = 2500元,超过财产损失赔偿限额,按限额赔偿,赔偿金额为2000元。

案例3 车损险赔款计算

王先生2011年1月买了一辆20万的私家车,同时为该车购买了车损险、商三险等,车损险保额为20万。2011年5月,王先生驾驶车辆下班回家途中不小心导致车辆与路边的隔离墩相撞,造成标的车辆损失2万元,残值200元。经交警判定王先生负全责。试计算保险公司车损险的赔款金额。

1. 计算要点
1) 本案中只涉及标的车损失,没有第三者人员和财产损失。
2) 本案属于单方肇事,交强险不负责赔款被保险车辆损失,所以,该案例中的交强险赔偿为0元。
3) 车辆部分损失,车损险为足额投保,计算公式为:
赔款 = (实际修复费用 - 残值 - 应由机动车交通事故责任强制保险赔偿的金额) × 保险金额/新车购置价 × 事故责任比例 × (1 - 事故责任免赔率) × (1 - 绝对免赔率之和)
4) 本案中只涉及事故责任免赔率,且免赔率为15%,无其他免赔。

2. 计算过程

交强险赔款 = 0

赔款 = (实际修复费用 - 残值 - 应由机动车交通事故责任强制保险赔偿的金额) × 保险

金额/新车购置价×事故责任比例×(1-事故责任免赔率)×(1-绝对免赔率之和)=(实际修复费用-残值-0)×1×1×(1-15%)×(1-0)=(20000元-200元)×85%=16830元

案例4　商三险赔款计算

2012年7月2日，A、B两车相撞，造成A车损失2300元，B车损失80000元。交警核定此次事故A车负事故全部责任，B车无责。A、B两车分别在不同的保险公司投保了交强险和商三险，商三险的保额都为10万。假设两车都无其他特约免赔，试计算A、B两车所在保险公司商三险的赔偿金额。

1. 计算要点

1）本案中，两车互碰，只涉及两车车损，不涉及其他财产物资或人伤赔偿。

2）先计算交强险赔偿金额。A车全责，A车所在保险公司在交强险对B车的赔偿限额为2000元。B车无责，B车所在保险公司赔偿给A车的100元由A车所在保险公司在交强险无责项下代赔。

3）确定损失计算公式。A车被保险人按事故责任比例应承担的赔偿金额低于责任限额，所以应使用公式为：

赔款=(依合同约定核定的第三者损失金额-机动车交通事故责任强制保险的
　　　分项赔偿限额)×事故责任比例×(1-事故责任免赔率)×
　　　(1-绝对免赔率之和)。

4）有关免赔率情况，案中只说到事故责任免赔率，无其他免赔情况。A车负全责时商三险的事故责任免赔率为20%。

5）商三险实行的是有责赔偿，由于B车无责，所以B车所在保险公司商三险不需赔偿，本案只要计算A车所在保险公司交强险和商三险的赔偿结果。

2. 计算过程

A车被保险人按事故责任比例应承担的赔偿金额低于责任限额，所以应使用公式为：

赔款=(依合同约定核定的第三者损失金额-机动车交通事故责任强制保险的
　　　分项赔偿限额)×事故责任比例×(1-事故责任免赔率)×
　　　(1-绝对免赔率之和)

1）A车交强险承担B车损失2000元，同时无责项下代赔100元。

2）A车商三险承担B车损失赔款=(依合同约定核定的第三者损失金额-机动车交通事故责任强制保险的分项赔偿限额)×事故责任比例×(1-事故责任免赔率)×(1-绝对免赔率)=(80000元-2000元)×100%×(1-20%)×(1-0)=62400元。

所以，该案例A车所在保险公司的赔偿总金额=100元+2000元+62400元=64500元

项目小结

车险理算主要是计算车险各险种的具体赔款金额。各种车险产品有其理算规则和计算公式，所以，要做好车险的理算工作就要掌握各种险种的理算规则和计算公式。本项目要求学生掌握车险理算的计算规则和方法，并在掌握的基础上熟练计算各险种的最终赔款。为了达到该目标，本项目在介绍车险理算的流程和活动实施部分都以实际案例来讲述车险的理算过程，以加深学生对车险理算的理解。

汽车保险理赔实务

复习思考题

1. 王某（C1 照）为他的轿车投保"车辆损失险"（足额）、"交强险"等险种。某日出行与一小轿车碰撞，定损金额为 1800 元，交警处理同责，可以按照互碰自赔处理，请问王某所在保险公司该如何赔付，并写出理算界面操作步骤。

2. 标的车 2009 年 3 月在某保险公司仅投保"交强险"，同年 4 月出行肇事造成两行人甲、乙受伤，标的车负全责。甲医疗费用 7500 元，乙医疗费用 5000 元。请分别计算标的车对甲、乙的赔款。

3. A、B、C、D 四车都投保了交强险，互碰造成各方车损，A 车主责（损失 1000 元），B 车次责（损失 600 元），C 车无责（损失 800 元），D 车无责（损失 500 元）。请计算各车应承担的赔款。

4. 2010 年 3 月，货车（3 座，核定载质量为 1 吨）投保"车辆损失险"（足额）、"第三者责任险 20 万"、"交强险"等险种。2010 年 8 月，王某（B2 照）驾驶该车拉货，不慎撞到高速护栏，交警判定货车负全责。王某出险时载货约 1.8 吨，车辆损失 8000 元，车上货物损失 5000 元，高速护栏损失 2000 元，请计算该货车所在保险公司各险种的赔款金额（超载的免赔率为 5%）。

项目五　事故汽车的核赔

【学习目标】

1. 掌握汽车保险核赔的工作内容和要求。
2. 掌握汽车保险核赔的工作流程。
3. 运用汽车保险核赔知识防止保险欺诈。

【活动描述】

根据项目四中"活动描述"环节案件的理算结果，完成其核赔工作，解决该案件是否赔偿、赔偿多少、赔偿给谁等问题。

【知识准备】

车险核赔是保险公司审核被保险人提交的索赔资料的真实性与合理性，并做出最终赔偿意见的过程。车险的核赔是整个理赔环节的最后一关，也是最为关键的一关。核赔人应从案件整体上审核、排除所有疑问后再予决定赔付。保险理赔的各环节、各角色，都应严格遵照核赔的基本原则进行设计与运作，所有的工作都是为了最后的核赔判断。

一、车险核赔概述

（一）车险核赔的工作内容

车险核赔不是简单地完成对单证的审核，而是对整个理赔处理过程进行管控，并对核赔险种提出防灾、防损的具体办法和要求。核赔工作的质量直接影响到整个公司赔款支出的情况，因此，核赔人员被比作保险公司利润的守门员。概括地说，核赔人员的主要工作一是及时了解保险标的的出险原因和损失情况，对重大案件，应参与现场查勘；二是审核、确定保险责任；三是核定损失；四是审核赔款计算。具体工作内容如下：

1. 查看保单的有效性

1）出险时间是否在承保有效期内；

2）被保险人与行驶证车主是否一致，是否具有可保利益；

3）保费是否到账。

2. 标的车、三者车及三者物损的情况

1）标的车：核对车牌号、车架号、发动机号，确认出险车辆为保险标的。

2）三者车：三者车的车辆外观、车架号、发动机号以及牌照号是否与客户报案、查勘照片、交警证明一致。

3）三者物：三者损失物的外观、型号、数量等是否与客户报案、查勘照片、交警证明一致。

4）人伤：核定伤者人数、身份（车上人员、第三者或其他），如果营运客车的车上人员受伤的，还应核对车票。

3. 判定保险责任是否承保相应险种

利用近因原则判定事故是否属于保险事故。

4. 判断事故的真实性

1）事故要素齐全：时间、地点、人物、原因、事故过程、损失结果。

2）事故表述一致：保险信息、查勘信息、核损信息、复勘信息、缮制信息等对于事故的描述完全一致。

3）事故发生合理：事故的时间、地点、经过、结果等需符合常理，具备逻辑关系。

5. 判断事故损失情况

（1）车辆损失情况

1）审核车体的本身与受碰撞物的材料构成、颜色、运动轨迹、碰撞过程、碰撞点等是否匹配，报损项目是否由本次事故所导致；

2）审核车辆定损项目、损失程度是否准确、合理；

3）审核更换零部件是否按照规定进行了讯报价，定损项目与报价项目是否一致；

4）审核残值确定是否合理。

（2）其他财产损失

1）通过照片及相关单证审核物损是否由保险事故造成；

2）审核财产损失金额和赔款计算是否合理准确。

（3）施救费用

根据案情和施救费用的有关规定，核定施救费用单证是否有效，金额确定是否合理。

6. 索赔单证是否符合要求

1）审核被保险人提供的索赔单证是否齐全；

2）审核确认被保险人按规定提供的单证材料是否有效，有无涂改、伪造，是否符合单证规范要求。

7. 审核赔款计算情况

1）审核赔款理算过程和结果是否正确；

2）审核免赔率使用是否正确；

3）审核理算时是否包括查勘、核损、复勘意见中指出所需加扣的免赔。

8. 索赔人资格条件

1）原则上索赔人应为被保险人本人；

2）当索赔人非被保险人本人时，应持有相应法律证明（法院判决书、被保险人死亡、失踪证明）或符合法律要求的被保险人委托办理索赔的授权委托书。

9. 判定赔款的支付对象

1）根据案件实际情况，确认赔款支付对象；

2）被保险人或法定受益人委托他人办理领款的，应提供齐全的委托资料；

3）某些特定的情况下，收款人也可以是交通事故受害人、医院、法院等。

（二）车险核赔的基本要求

1. 车险核赔的原则

车险核赔效率高低会影响整个车险理赔的效率。车险核赔质量对公司利润和服务水平有重大影响，所以车险理赔主要应遵循准确、高效的原则。在现代激烈竞争的保险行业内，各保险公司都在提高服务水平上做文章，在缩短理赔时间上努力。表2-5-1是国内某家保险公司车险赔款支付时限。

表2-5-1 国内某家保险公司车险赔款支付时限

赔款金额	支付时限
人民币2000元（含）以下不涉及人员伤亡案件	1个工作日
人民币5000元（含）以下	3个工作日
人民币5000～10000元（含）	5个工作日
人民币10000～50000元（含）	7个工作日
人民币50000～100000元（含）	10个工作日
人民币100000～150000元（含）	15个工作日
人民币150000元以上	20个工作日

2. 车险核赔的法律依据

核赔的每一步决定必须有法可依、有据可循。车险核赔人应熟练掌握所有影响到核赔的依据，通常核赔的依据包括车险条款、合同特别约定《民法通则》、《道路交通安全法》、《合同法》、《保险法》等相关法律法规。最高人民法院司法解释、地方法规、当地人身损害赔偿标准、保险及理赔相关行业标准、惯例及操作规范等都是车险核赔的依据。

二、车险核赔的操作流程

车险核赔的流程如图2-5-1所示。核赔是对整个案件信息的审核，包括：报案、查勘定损、核损、复勘及缮制。通过对上述信息的综合审核给出赔付意见，如果确认赔案符合要求，则核赔同意，案件审核结束转入支付环节；如赔案不符合要求，则需退回相应环节处理。

传统核赔一般是根据现场查勘员提供的照片结合上一环节审核意见书及被保险人提交的单证原件进行审核，核赔人确认无误后在缮制赔款计算书上签署核赔赔付意见。在核赔过程中核赔人需查看审核单证原件，流程比较烦琐，特别是对于金额较大案件的多级审核时效率较低。

随着车险理赔网络化的普及，核赔环节可以不必再审核单证原件。查勘、核损的审核意见都在系统内可以体现，同时案件所需单证由缮制人员上传到理赔系统中，核赔员通过查看系统就可以审核案件的全部信息。核赔人对案件的审核意见也可在系统中详细记录。下面介绍车险核赔的主要操作流程和各环节的主要工作内容。

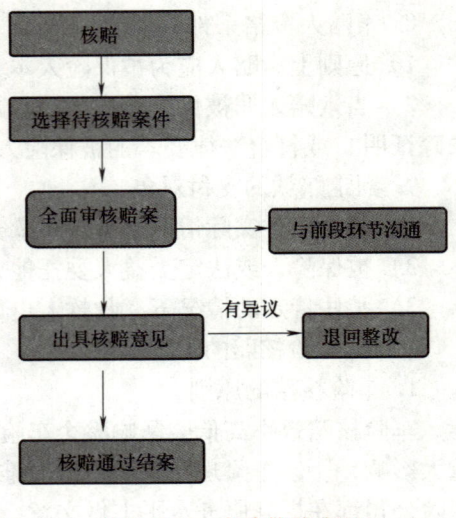

图 2-5-1　车险核赔流程

1. 进入理赔系统中的核赔环节，选择待核赔案件

从理赔系统进入待核赔案件与核损流程中的进入待核损案件大致一致，首先进入各主平台选择界面，然后进入核赔平台，接着查找待核赔新案件，然后进入待核赔案件。在核赔主页面可以看到报案信息、保单信息、图片信息、核损信息、历次出险信息等主要二级对话框。

2. 查看报案信息

报案信息的内容与核损时的一致，审核与核损审核要点也基本相同。

3. 查看保单信息

保单信息的内容与核损时的一致，审核与核损审核要点也基本相同。

4. 查看图片信息

由于在缮制环节新增了部分理赔单证，所以在核赔环节时，图片信息与核损时的内容都不一样，审核图片信息时与核损审核时不一样。缮制环节仅仅是对单证本身的审核，而核赔是综合整个赔案情况审核单证，所以核赔审核单证的要求是建立在缮制的基础上，但从风险上的分析比缮制要求更高。

1）车辆验标及损失图片信息参照核损工作流程中的"查勘图片信息"；

2）单证审核参照缮制单证审核要求；

3）核赔对单证的审核基于上述两点的综合分析。

5. 查看损失录入情况

在查看损失录入时，核赔人员要重点关注查勘员的损失录入与核损核定的金额是否一致，如图 2-5-2 所示。

6. 查看查勘及核损复勘意见

核赔员在查看查勘、核损及复勘意见时，主要关注定损员、核损员对案件的说明以及定损与核损员意见是否一致，另外，核赔员还要查看是否有定损员或者核损员对案件进行了特殊说明，比如：需调查、加扣特殊免赔等。

7. 查看缮制录入是否规范及理算情况

查看缮制录入是否规范及理算情况主要是核赔员根据案件的综合情况，审核缮制对损失的录入是否规范，赔款计算是否正确，同时是否按要求录入了与案件相关的一些信息。

1）标的车损失录入及理算金额（图 2-5-3）。

2）三者物损的录入情况（图 2-5-4）。

项目五 事故汽车的核赔

更改项目	数量	查勘点报价			核损数量	核损价格
前杠	1	120.0			1	120.0
雾灯	1	45.0			1	45.0
水箱	1	230.0			1	230.0
冷凝器	1	180.0			1	180.0
中网	1	65.0			1	65.0
空滤	1	95.0			1	95.0
前大灯	1	200.0			1	200.0
下坚梁	1	120.0			1	120.0

修理项目	工时费	核损同意价	备注
前杠，前机盖，右纵梁，水箱框架整形喷漆	600.0	600.0	
拆装	100.0	100.0	

待查项目	数量	查勘报价	核损数量	核损价格	备注
查勘残值	30.0	核损残值		30.0	

	材料费	工时费	残值	定损合计
查勘点	1055.0	700.0	30.0	1725.0
定损中心	1055.0	700.0	30.0	1725

图 2-5-2　损失录入情况

责任系数	全责 100		0 %	绝对免赔率	0 %	0
车损配件定损	14385.67	车损工时定损	5558	残值	100	车损总定损	19843.67
车损配件赔付	14285.67	车损工时赔付	5558			车损赔付	19843.67
施救费定损	0	检测费定损	0	其他费用定损	0	费用计算定损	0
施救费赔付	0	检测费赔付	0	其他费用赔付	0	费用计算赔付	0
全损		其他责任方合计	0	车损险计算值	19743.67	车损险实际总赔付	19743.67

图 2-5-3　车损金额录入情况

三者车配件定损	175	三者车工时定损	400	残值	25	三者车物总定损	550
三者车配件赔付	150	三者车工时赔付	400			三者车车损赔付	550
施救费定损	0	三者车检测费定损	0	三者车其他费用定损	0	三者车费用定损	0
施救费赔付	0	三者车检测费赔付	0	三者车其他费用赔付	0	三者车费用赔付	0
三者财产定损	0		残值	0		三者财产赔付	0

图 2-5-4　三者物损金额录入

3）三者物损的理算（图2-5-5）。
三者物损理算时应注意商业险与交强险的关系。

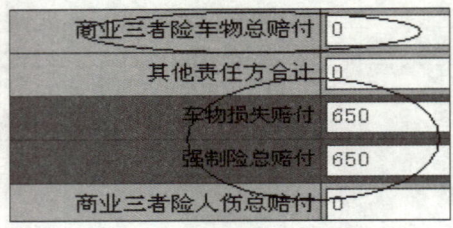

图2-5-5　三者物损理算

4）附加险的录入及理算金额（图2-5-6）。

附加险	赔偿限额	损失金额	其他责任方	责任系数	责任免赔率	绝对免赔率
司机座位责任险	10000	0	0	100%	0%	0%
玻璃单独破碎险	0	0	0	100%	0%	0%
乘客座位责任险	40000	0	0	100%	0%	0%
全车盗抢险	483609.6	0	0	100%	0%	0%

图2-5-6　附加险赔款

5）其他特殊要点的录入　比如：快赔案件、诉讼案件、拒赔案件等。

8. 查看支付信息

查看支付信息应关注收款方是否符合要求，赔付金额是否正确，以及支付方式等（图2-5-7）。

赔付项目	收款方	应付金额	支付方式	开户行	账号
总赔款		1680	银行转帐	中国银行	4……30188

图2-5-7　支付信息

9. 查看缮制意见

缮制意见为缮制人员对案件信息的补充，应重点关注其对案件的特别说明（图2-5-8）。

缮制说明	标的车负全责，被保险人已经提供了完整的索赔资料－查勘照片上可以清晰看到交强险标志，但是没有拍摄三者车的交强险标志且没有说明为什么没有拍摄交强险标志的原因，代查勘费用100元已经扣除，100元由我公司代替三者赔代。

图2-5-8　缮制说明

10. 审核的最终判断（图2-5-9）
1）核赔同意案件将自动结案转入支付环节。
2）如核赔不同意，核赔人录入原因，将案件退回前段环节继续处理（图2-5-10）。

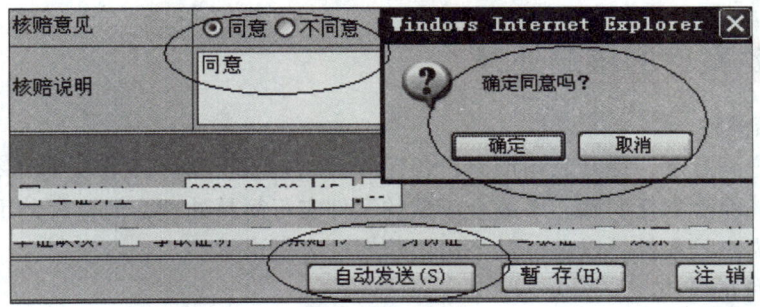

图 2-5-9　同意系统确认提示

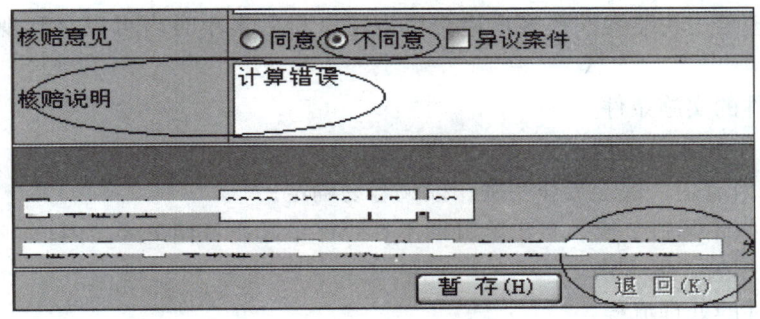

图 2-5-10　退回操作

三、核赔的退回处理

核赔员按照审核要求对赔案审核，重点审核赔案相关环节是否按照要求进行处理，之后结合各环节的案件处理信息和承保情况综合考虑，给出最终赔付意见。对于无异议的案件核赔员核赔同意后，案件将自动结案转入支付环节；如果核赔人对案件有异议应退回前端相应环节责任人进行进一步的处理。当核赔退回的问题得到完全处理后再发送核赔审核，核赔确认处理无误后方可核赔通过，案件结案。核赔退回时应对问题说明清楚，以便问题处理人理会；相关问题责任人对于核赔退回案件应及时处理，问题处理完后应及时回复，回复时应针对核赔退回的问题做处理说明。常见的核赔退回案件的处理方式如表 2-5-2。

表 2-5-2　常见核赔退回案件的处理方式

常见问题类型示例	责任人	退回用语示例	回复用语示例
单证不全	缮制人员	缺××单证	××单证已补
理算错误	缮制人员	××险种计算错误	计算错误已修改（并上传计算公式）
验标信息不全	查勘定损人员	去车架号（或车牌、发动机号）	××已上传
损失项目异议	核损人员	××更换不合理	××已删除，做修复处理
项目价格异议	核损人员	××价格偏高	价格已修改
事故真实性异议	核损或调查人员	事故真实性异议，请调查	事故已调查，调查报告已上传
保险责任异议	客服人员	驾驶证年审不合格，不属保险责任	案件已拒赔

 汽车保险理赔实务

四、特殊案件的核赔处理

（一）快赔案件

为提高客户满意度，提升公司形象，各保险公司在实际理赔工作中对于很多案情简单、出险原因清楚、保险责任明确、事故金额低的案件实行简易处理，简化理赔手续，加快理赔速度，通常称为快赔案件。以下以某公司快赔案件为例讲解。

1. 快赔案件的特点

（1）单证简化　对于快赔案件的索赔，被保险人只需提供驾驶证、行驶证、估损单、索赔书、事故证明（双方事故）。

（2）快速理赔　快赔案件在客户递交完索赔资料后半小时内可以拿到现金，实现立等可取。

2. 快赔案件的实施条件

1）案件总损失金额不超过人民币3000元；

2）出险原因清楚，保险责任明确，损失容易确定；

3）出险次数不超过2次，且出险日期不在距保单起止日期7天之内；

4）仅车物损失，无人伤。

3. 快赔案件的处理流程

（1）报案环节　接报案人员接到报案后，应根据系统提示相关信息识别是否符合快赔案件的要求，如果符合，应在报案备注中提示调度该案件符合快赔案件。

（2）调度环节　调度人员根据报案提示判断是否符合快赔案件，如果符合快赔案件，应在调度时由调度员告知查勘定损员此案符合快赔案件。

（3）查勘定损环节　查勘定损员根据事故损失情况及调度提示综合信息确定案件是否符合快赔案件的要求。对于符合快赔案件的，应告知客户快赔案件的相关理赔要点。查勘员应在当天录入系统上报核损审核，录入信息时点选"快赔案件"按钮，以便后端环节识别。

（4）核损环节　核损环节根据系统对快赔案件的提示优先核损，一般在查勘上报10分钟内完成。

（5）缮制环节　对快赔案件应专人缮制，可以免发票现行缮制，同时应告知客户递交单证后半小时内可以领取现金。

（6）核赔环节　快赔案件在待核赔系统内有特殊颜色提示，核赔应在15分钟内完成。

（7）结案环节　在结案环节被保险人要求现金支付的应立即支付。

（二）拒赔案件

拒赔案件是指依据保险法等相关法律法规的规定，或依据保险合同条款的约定等，保险公司对于保险标的所发生的事故及产生的相关损失、费用等不承担赔偿责任，从而对该被保险人的索赔请求不予赔偿的案件。

1. 车险常见的拒赔原因

1）出险车辆不是保险车辆或出险时间不在保险期限等明显不属于保险责任范围内的事故；

2）事故是由于被保险人的故意行为或违法行为造成的；

3）保险车辆转卖、转让、赠送他人、变更用途或增加危险程度，未申请办理批改；

4）被保险人在出险后未积极采取合理的保护、施救措施，致使出现严重损失或损失扩大部分；

5）在规定的时间不索赔，或不按规定提供必要单证，或伪造单证骗取赔款；

2. 拒赔案件的处理要求

（1）合法性要求　即拒赔理由必须遵循相关法律法规的规定，拒赔理由必须充分。

（2）制式要求　即所有拒赔案件都应使用统一的"拒赔通知书"格式。

（3）流程化要求　即必须遵循相应保险公司拒赔案件的处理流程。

3. 拒赔案件各环节的处理流程

（1）接报案环节　接报案座席人员为报案人出具拒赔通知书，一般不进行口头拒赔。在接报案过程中发现被保险人没有投保相应险别的，座席人员应劝说报案人放弃索赔；报案人坚持索赔的，可提交理赔部相关人员审核，做出拒赔核定。

座席人员在接报案过程中发现可以拒赔的，应在系统中进行备注说明，并把案件直接调度给理赔部相关人员处理。

（2）查勘估损环节　查勘人员通过现场查勘或复勘，发现可以拒赔的案件，一般不直接对被保险人口头拒赔，须填写拒赔建议书，明确说明拒赔理由。即使查勘人员发现案件可以拒赔的，也必须完成对事故现场的查勘和估损工作，并完成填写查勘报告，出具估损单，以避免该案件因拒赔理由不成立而导致损失无法认定的情况出现。

（3）其他环节　如果在其他环节（如：核损、缮制、核赔）发现可以拒赔案件应及时回报理赔部相应负责人，及时处理案件。对确认可以拒赔的案件出具统一的拒赔通知书，并告知被保险人相关事宜。

（三）代位追偿案件

代位追偿案件是指根据《保险法》规定，保险公司对被保险人的损失进行赔偿后，在对被保险人赔偿的金额范围内向第三方进行追偿的案件。

1. 代位追偿的构成条件

1）保险车辆的损失是由于第三者的过错造成的，同时第三者依法应当对损失承担赔偿责任；

2）造成保险车辆损失的原因属于保险责任范围的事故；

3）保险人依照保险合同的约定向被保险人履行了赔偿义务，并取得了被保险人的权益转让证明。

2. 车险理赔实践中的常见追偿案件

1）盗抢案件；

2）单方事故，主要是指致害物有相关所有人或管理人的案件；

3）第三者逃逸的双方事故；

4）交强险垫付案件；

5）保险欺诈案件。

3. 代位追偿前的主要准备工作

1）要求被保险人签署保险权益转让书；

2）要求被保险人提供第三者事故责任的证据，此处证据主要是指正常赔案所需单证之外的有利于我公司代赔追偿的证据，比如：标的车的停放收费凭证、高速公路收费发票等。

4. 追偿案件的处理流程

1）保险车辆发生保险责任范围内的损失应当由第三方负责赔偿的，被保险人应当向第三方提出索赔请求。

2）第三方不予赔偿的，由被保险人提交"机动车辆保险索赔申请书"及有关单证，以签署"机动车权益转让书"的形式向第三方追偿的权益书面转让给保险人。

3）保险人按照保险合同约定进行赔偿理算，支付赔款。

4）保险人赔偿后，向第三方提起追偿。

5）代位赔偿后，追回的款项冲减赔款。

6）保险人向第三方追偿得到的款项超过赔偿给被保险人的金额时，超过部分应退还被保险人。

（四）通融赔付案件

通融赔付案件是指由于某些因素的作用，对于超出正常保险责任、损失范围、费用支出等赔付的案件。通融赔付案件主要有：依据相关法律法规或保险合同不应该赔偿或者应减少赔偿的案件，但是考虑特定市场业务需求需要赔付或者多赔的案件，或者依据相关法律法规或保险合同应该拒赔或者可能拒赔，但是掌握的相关证据不足需要与被保险人协商赔付的案件两类案件。

【活动实施】

案例1 不需要复勘的车险核赔实际操作

案情简介

报案号：RDDH200731990003339967。

所属机构：某保险公司宁夏分公司中宁支公司

报案信息：被保险人黄某所持有的桑塔纳轿车，该车铭牌号为330K8LLOLTF2客车，车牌号码宁EB1511于2007年11月17日20时00分由王某驾驶在甘肃省白银市靖远县五合乡孙寨柯，与农用车相碰。标的车驾驶员王某死亡。

1. 事故照片和查勘情况

图2-5-11~图2-5-13分别为标的车损失情况照片。

图2-5-11 标的车损情况

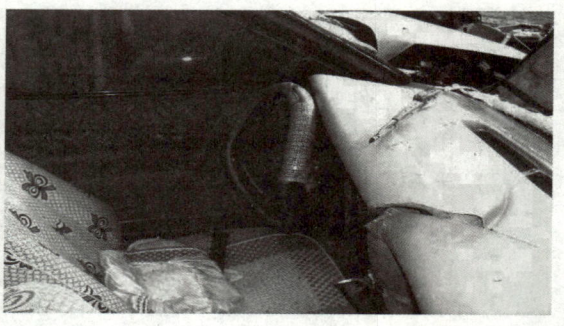

图2-5-12 标的车驾驶座损坏情况

据报案人员称，标的车与农用车发生碰撞，标的车损失严重。标的车驾驶员王某当场死亡，车上其余三人有不同程度受伤。查勘人员前往查勘时，三者车已被放行，三者车辆损失情况不明。并且驾驶员王某遗体已被火化。

黄某车辆的承保公司于客户报案后第二天派调查人员前往事发地进行调查。当调查人员到达事故地后发现，第三者车主及车辆已被交警部门释放，死者已被火化。交警部门对事故的简单处理引起调查人员的怀疑。随后保险公司调查人员立即对受伤人员、被保险人和事故处理交警进行了询问和走访，调查没有实质性进展。

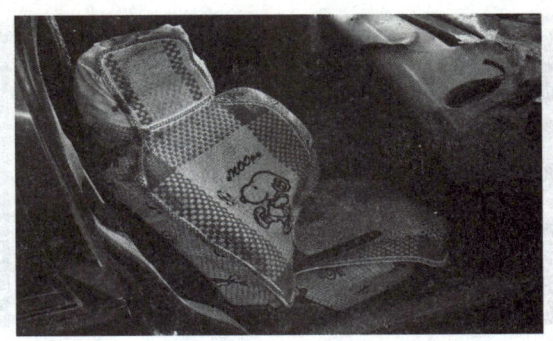

图 2-5-13　标的车副驾驶座损坏照片

2. 核赔结论

从标的车驾驶座和副驾驶座的损失照片情况看，标的车副驾驶座的损失要远大于驾驶座的损失，因此推测副驾驶座乘客死亡的概率要远大于驾驶员，案件存在疑点。

为弄清事实真相，核赔员建议公司对车上血迹进行鉴定，另一方面把找第三者车主作为事故调查突破口。经过两天的多方努力，调查人员终于在100公里以外的乡村找到了第三者车主，通过对第三者车主耐心细致的劝说，第三者终于将事故发生的真实情况告诉调查人员。真实情况是：事故发生时，保险车辆驾驶人员为无证驾驶，发生事故时车上有三人，死者为坐右副驾驶座人员。另外，事故发生后，死者亲戚连夜赶到事发现场（某保险公司负责人），使事故处理有了前面的结果和意见。在掌握证据的情况下，与交警进行交涉并施加压力，迫使处理部门最终以事实真相给予认定，进而使案件成功得到了拒赔，为公司挽回经济损失近10万余元。

3. 案件点评

本案是典型的驾驶员调包案件。在调查取证过程中遭遇标的车上乘客的串供、交警部门的排挤，可谓困难重重，调查人员身处困境但毫不放弃，一边利用技术手段进行血液分析，一边努力寻找知情人，终于在第三者身上找到了事情真相，交警部门迫于压力对事实真相给予认定，最终将案件成功拒赔。

案例2　需要复勘的车险核赔实际操作

报案号： RDDH2008319900003130223

所属机构： 某保险公司山东分公司淄博中心支公司。

报案信息： 被保险人聂某所持有的别克SGM7302GS，车牌号码鲁C00345 于2008年1月31日5小时00分由崔虎（男）驾驶在山东青岛李村附近，撞到栏杆和石头。

查勘人员接到报案后联系客户得知，标的车已在修理厂，于是查勘员赶到该修理厂拍摄车损照片，如图2-5-14所示。查勘后发现标的车前后受损，且痕迹多样，不像是一次事故中形成，于是联系客户要求复勘现场。

查勘员及驾驶员来到查勘现场，驾驶员对事故的描述为：事故当时，标的车撞倒了大理石柱，并撞弯了后面的钢制护栏（图2-5-15）。查勘员马上觉得驾驶员描述与本次事故痕迹不符。

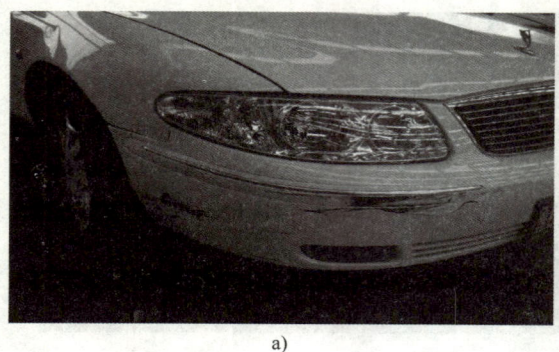 

a) b)

图 2-5-14 标的车损情况

从图 2-5-16 可以看出标的车主副气囊爆出，仪表台接缝处明显脱开，有人为拆解过的嫌疑。

图 2-5-15 现场复勘情况　　　　　　图 2-5-16 标的车仪表台损坏情况

核赔结论：

现场大理石柱断裂、钢柱折断，而标的车前部损失轻微，事故碰撞力度不符；从车辆现有前部损失痕迹判断，碰撞力不足以引爆气囊，且仪表台部分有人为拆解的痕迹，因此本案以碰撞痕迹不符予以拒赔。

对此类案件一定要复勘事故现场，确认车辆的行车路径，确认事故碰撞点，并测量碰撞点的高度、宽度，寻找散落物及其他现场痕迹，必要时绘制现场草图，结合车辆损失核实事故真实性。

项目小结

车险核赔的质量关系到保险公司利润的大小。核赔员是保险公司利润的守门员，在保险公司的业务中具有很重要的作用。本项目在讲述车险核赔的工作内容和工作流程及流程中各环节的主要内容后，在活动实施部分以真实的案例讲述车险核赔的实际操作，使学生能够更好地消化知识要点，为以后从事车险核赔岗位奠定基础。

复习思考题

一、简答题

1. 车险核赔的主要工作内容有哪些？
2. 试写出车险核赔的流程。
3. 为使核赔结论具有法律依据，核赔人员需要具备哪些有关的法律和法规知识？
4. 核赔员如何把握风险控制与客户服务的平衡？
5. 什么是代位追偿？代位追偿要满足哪些条件？

二、案例分析

甲某的保险车辆在保险期限内发生保险事故后，保险公司迅速理赔，并向甲某发出了领取赔款通知书。3日后，一名自称是被保险人甲某妻子的乙某来到保险公司领取赔款，称甲某现在外地出差，无法前来领取赔款，并出示了自己身份证、甲某的身份证复印件和两人的结婚证，于是，理赔人员向其支付了全部额款。不料几日后，被保险人甲某又前来领取赔款，并告知其与乙某已经离婚。甲某要求保险公司向自己支付赔款。保险公司称因为乙某出示了各种有效证件，有理由相信乙某具有申领赔款的权利，因此，保险公司拒绝了甲某的请求。甲某不服遂将保险公司诉至法院。请问，法院将如何判决？

参 考 文 献

[1] 霍建华. 保险学概论 [M]. 大连：东北财经大学出版社，2012.
[2] 荆叶平. 王俊喜. 汽车保险与公估 [M]. 北京：人民交通出版社，2009.
[3] 王永盛. 车险理赔查勘与定损 [M]. 北京：机械工业出版社，2010.
[4] 张洪涛. 郑功成. 保险学 [M]. 北京：中国人民大学出版社，2008.
[5] 唐志刚，刘建东. 保险营销学 [M]. 北京：电子工业出版社，2008.
[6] 魏华林，林宝清. 保险学 [M]. 北京：高等教育出版社，2006.
[7] 祁翠亲. 汽车保险与理赔 [M]. 北京：国防工业出版社，2007.
[8] 马钧，倪明辉，何瑛等.《汽车金融服务》[M]. 北京：北京理工大学出版社，2007.